Que penser de l'Islam ?

PAR

Emile BRÈS Fils (Brès de Jersey)

Missionnaire en Kabylie

Ouvrage orné de quatre photogravures de l'auteur

MISSION EN KABYLIE
(Service des Publications)
4, Rue Roquépine, PARIS (8e)

LIBRAIRIE GÉNÉRALE & PROTESTANTE
48, Rue de Lille, PARIS (7e)

1909

Que penser de l'Islam ?

PAR

Emile BRÈS Fils (Brès de Jersey)

Missionnaire en Kabylie

Ouvrage orné de quatre photogravures de l'auteur

MISSION EN KABYLIE
(Service des Publications)
4, Rue Roquépine, PARIS (8e)

LIBRAIRIE GÉNÉRALE & PROTESTANTE
48, Rue de Lille, PARIS (7e)

1909

Que penser de l'Islam ?

INTRODUCTION

Plusieurs auteurs protestants ont récemment montré dans leurs études sur l'Islam, qu'ils le tenaient pour une puissance colossale, capable de faire échec au prosélytisme chrétien, ou même digne de figurer à côté du christianisme comme un élément respectable de civilisation et de progrès.

Les uns se disent que si l'Empire des Califes a atteint des dimensions si vastes, cela ne peut être dû qu'à une grande profondeur et à une grande puissance dans une religion qui serait parfaitement adaptée aux besoins et aux aspirations des Orientaux.

D'autres s'épouvantent à la pensée que l'Islam envahit rapidement le centre de l'Afrique et aura bientôt figé, dans la torpeur musulmane, les dernières tribus de la race noire (1). Ils pressent leurs coreligionnaires de sauver ces malheureuses nations « avant qu'il soit trop tard ».

---

(1) M. E. Krieg, « Bonne Revue », 1908 : « C'est la flamme qui dans les prairies de l'Ouest dévore tout, ou l'inondation qui détruit et renverse. »

Pour eux l'Islam est inébranlable et il l'est aussi pour quelques professeurs distingués (2).

D'autres enfin, jugent l'Islamisme estimable au même titre que les religions rivales, le Judaïsme et le Christianisme ; toutes trois, d'après ces auteurs, peuvent et doivent concourir à la marche vers la civilisation, et si l'Islamisme a moins produit, ce n'est là qu'une différence de quantité et non de qualité (3).

A ces théories que nous estimons mal fondées, nous n'opposons pas, dans cet ouvrage, d'autres théories, mais la vie musulmane elle-même, telle qu'elle s'est révélée à nous dans notre multiple — quoique bref — ministère : en soignant les malades, parfois pour des affections que l'on connaît à peine en Europe ; en écrivant, sous la dictée des parents, des lettres aux chefs de familles, partis pour gagner quelque argent dans les centres de colonisation ; en discutant des choses religieuses, sous l'auvent des mosquées, avec les prêtres et les

(2) M. E. Montet (Leçon d'ouverture à la Faculté de théologie de Genève, 1903) pense que nous aurions tort d'aller évangéliser les Musulmans, parce qu'ils ont pour le Christ plus de respect que bien des Chrétiens, et parce qu'une telle entreprise, de l'avis de tous les gens au fait de la situation, serait vouée à un échec certain.

(3) M. Bonnet Maury conclut dans « L'Islamisme et le Christianisme en Afrique » (1906) : « Ce qui est désirable à mon sens, c'est le maintien des deux cultes rivaux dans leurs positions respectives, avec la tolérance et la pénétration mutuelle. Dans les pays déjà islamisés, il faut renoncer à tout prosélytisme chrétien et se contenter d'introduire les principes de notre civilisation par l'école franco ou anglo-arabe, par l'enseignement ménager, par les hôpitaux et les soins aux vieillards et aux orphelins. »

paysans ; et enfin en écoutant, sous la *djemâ*, la chronique peu édifiante du village. Nous nous sommes enrichis des observations de nos chers collègues de Kabylie, et pour toutes les autres provinces de l'Islam, nos témoins sont sûrs ; ce sont des fonctionnaires ou des missionnaires d'élite, ayant séjourné de longues années dans les pays qu'ils décrivent ; nous leur avons laissé le plus possible la parole, et l'on nous pardonnera l'abondance des détails géographiques ou historiques : aux jugements arbitraires ou superficiels, il importe d'opposer les faits de l'Islam profond et intime avec le sceau de leur authenticité.

Nous aurions voulu consacrer deux chapitres aux *croyances* et aux *arts* de l'Islam, nous n'avons pas pu le faire, et nous le regrettons d'autant plus que nous aurions pu y montrer que nous ne condamnons pas tout dans le monde Mahométan. Mais nous tenons à ce que l'on soit persuadé d'une chose : c'est que notre sévérité vis-à-vis des institutions provient d'une grande pitié envers les personnes. Plus nous les connaissons, et plus nous constatons quel abîme de ténèbres est le cœur des Musulmans, mais plus aussi nous les aimons, et si nous découvrons leurs plaies, c'est en médecin qui, débordé, appelle au secours d'autres médecins, car le pouvoir de guérir nous est à tous donné, avec l'amour et la force du Christ.

El Marsel, Ilmathen (Kabylie), Printemps 1909.

CHAPITRE PREMIER

Comment s'établit l'Empire musulman

Il y a un mot dans la langue Berbère qui vient des Arabes et date du temps de leurs invasions: c'est le mot « bessif », que nous traduisons « par force », mais qui signifie littéralement « par l'épée ». Ce mot caractérise la méthode universelle de propagation de la foi musulmane. Si l'Islam ronge, comme un chancre gigantesque, la presque totalité du monde connu des anciens, et s'il forme au cœur de trois continents comme un continent à part dont l'Europe, l'Asie et l'Afrique « infidèles » ne sont que des prolongements, une analyse attentive montre que c'est moins par sa vertu religieuse que par la force des armes et le sens politique. L'on découvre ainsi que l'Islam n'est pas uniquement le gigantesque essor religieux, absolument original, que l'on croyait ; mais bien plutôt un mouvement ethnique, d'une immense importance, sans doute, mais banal, après tout, dans la longue suite d'invasions et de dominations que compte l'Histoire et qui placèrent le pôle politique.

tantôt à Babylone, et tantôt en Egypte, tantôt en Grèce et tantôt à Rome.

Sans cimeterre point de conversions, tel est le fait que nous allons trouver partout, sauf dans quelques îles de l'Océanie.

Là où les *soldats* arabes furent impuissants, la *religion* arabe ne fit pas un prosélyte.

Là où ils triomphèrent, il fallut des persécutions séculaires pour obtenir la soumission religieuse des peuples écrasés.

Et même aujourd'hui, au sein du Dar-oul-Islam, au sein de l'*Empire-Résigné* (1) on découvre presque partout des débris de peuples qui osent encore pratiquer leur religion antérieure avec une ténacité admirable. Ils ont repoussé la religion de Mahomet, ils ont bravé ses soldats-bourreaux, non pas par suite d'une tolérance qui n'existe que dans l'imagination des touristes, mais simplement parce que la religion musulmane ne valait pas l'échange, et parce qu'elle ne s'imposait nullement à leur esprit par sa valeur religieuse.

Faisons une rapide enquête :

En Arabie déjà, Mahomet tire le glaive, dès que son génie l'a fait passer de la position d'un serviteur à celle de chef de Médine ; et dans les chapitres du Coran qu'il se fait envoyer au fur et à mesure de ses besoins, il occupe bien la place unique, il s'adjuge les avantages exorbi-

---

(1) Résignation, abdication de soi, tel est le sens du mot Islam. C'est le « surrender all » des Revivalistes anglais, vidé de son contenu moral. Les *mouslimin* (musulmans) furent beaucoup moins résignés à la volonté de Dieu qu'à la domination des Califes, lors de leur conversion forcée.

tants que réclamait, aux temps antiques, la « vertu » des tyrans et des rois victorieux.

Dès ce moment, Mahomet dut faire appel aux appétits guerriers ; la foi islamique ne suffisait pas à soulever d'enthousiasme ses compatriotes. Ses généraux admirent même le concours de tribus arabes chrétiennes *qui restèrent chrétiennes :* tels furent les Beni-Té, qui luttèrent vaillamment lors de la défaite du pont de Chabanne (634) et les Beni-Wamor qui se joignirent au général Mothana en disant : « Certainement nous combattrons du côté de notre *peuple.* » Ils contribuèrent puissamment à la victoire de Boueib, la même année (1).

En Syrie, le général Mothana pour haranguer ses troupes, ne trouve pas bon de leur montrer le devoir de répandre la vérité nouvelle : il préfère leur promettre butin sans fin, esclaves femelles et mâles, campagnes fertiles à piller. L'Islam n'inspirait pas tant les conquérants qu'il les suivait avec les gouverneurs, les receveurs d'impôts et les légistes : au moment où Khalid prenait Jérusalem, paraissait le code, dit d'Omar, qui réglait la position sociale des chrétiens : on leur enlevait *jusqu'à l'éducation de leurs enfants*, afin de pouvoir convertir les innocents, puisque les hommes de sens s'obstinaient à suivre leurs vieilles religions ; et tel est le manque d'attrait du système artificiel de Mahomet, que malgré tout cela, la Perse n'a cessé de réagir, depuis le schisme Abasside jusqu'au Babisme contemporain.

---

(1) Haines : « Islam as a missionary religion », auquel nous empruntons de nombreux détails historiques.

Dans le BOKHARA, situé au-delà de la Perse, sur le chemin de l'Inde, les Arabes trouvèrent une résistance plus opiniâtre encore ; trois fois conquis et converti, trois fois ce pays expulsa l'envahisseur et abjura en même temps. En 742 enfin, le Bokhara fut politiquement jugulé ; mais, pour y installer l'Islam, on força chaque habitant de la capitale à partager sa maison avec un arabe ; on récompensa pécuniérement les habitants qui pratiquaient les rites musulmans et, finalement, comme on n'en pouvait rien faire, on les expulsa tous et la ville fut peuplée d'Arabes.

Bokhara devint ainsi une forteresse d'où l'Islam se répandit graduellement en Afghanistan, dans l'Inde, dans le Cachemire, dans la Tartarie chinoise jusqu'à Kazan, mais il lui fallut deux cents ans de coercition et de persuasion mêlées pour y vaincre le Christianisme, le Boudhisme et le culte de Zoroastre.

EN MONGOLIE, dans le Turkestan, la Transoxiane, dans le Yun-Nan chinois, ce sont des rois qui épousent la religion mahométane et obligent leurs sujets à adopter la nouvelle religion d'Etat.

Dans la CHINE proprement dite, les armées musulmanes se heurtaient à une puissante organisation politique, aussi l'influence religieuse resta sans grande importance : le calife Abou Bajar envoya au fils du Ciel, sur sa demande, une garde de quatre mille mercenaires, qui se fixèrent dans le pays et devinrent les premiers musulmans chinois ; il y eut par la suite une immigration considérable d'Arabes, de Turcs, de Persans surtout, sous Gengis Khan. Mais en tout, on trouve en Chine, aujourd'hui, trente millions de musulmans en comptant les huit millions du Yun-Nan, convertis administrativement. Cela donne un treizième ou 7 1/2 pour cent de la population chinoise. A elles seules les immigrations expliqueraient ce chiffre, et l'on peut considérer les efforts musulmans pour convertir la Chine comme restés sans résultat.

La Malaisie était sur la route de la Chine pour les Arabes, ils y faisaient le commerce des épices, et leurs commerçants convertirent sans user de violences, les indigènes de Sumatra ; on comprend sans peine que pour les Malais, grossièrement animistes, l'Islam fût un grand progrès religieux. Ce fut l'unique raison du succès de l'Islam, car à Java, où les Boudhistes et les Indouïstes avaient propagé leur culte, il fallut encore recourir au « Djehad », à la guerre sainte. Au xv° siècle, le « Djehad », lui-même échoue, au point de vue politique, et bientôt le réveil du christianisme, les voyages de Vasco de Gama et des grands explorateurs marquèrent le terme de l'expansion musulmane.

En Inde, *l'Islam* s'établit de trois manières, et d'abord par la guerre : le calife Ouelid envoya une armée venger l'outrage fait à un vaisseau arabe. Il donnait à choisir : Islam ou tribut ; les Indous préférèrent la guerre, ils furent défaits ; le général Kacin circoncit de force un grand nombre de Brahmanes et ne réussissant pas à les convaincre de la supériorité de l'Islam, il mit à mort tous ceux dont l'âge dépassait dix-sept ans. Les enfants furent réduits en esclavage et les Indous des castes inférieures purent continuer à rester « infidèles » moyennant tribut et contrairement au Coran qui voue à l'extermination les *païens* rebelles.

Les musulmans de l'Inde proviennent, en second lieu, de grandes immigrations. D'après Dozy, « qui fait autorité en la matière » (1), c'est de cette manière que se sont formées les communautés actuelles et non par des conversions pacifiques; et M. Gobineau mentionne trois grandes vagues d'immigration musulmane : les Turcs, les Afghans et les Mongols.

Enfin, au Bengale, où se trouve la masse des musulmans de l'Inde (comme la masse des musulmans chinois se trouve dans le Yun-Nan), les basses classes sont musulmanes alors que les classes supérieures sont restées Indoues. On ne connaît pas l'origine de cette population musulmane, elle n'a gardé le souvenir d'aucun missionnaire. Ce qui la caractérise, c'est que pas un Bengali sur dix ne saurait réciter le Témoignage (Dieu est Dieu et Mahomet est son apôtre) et que les musulmans leur donnent le nom méprisant de Kafiri-Hind (les Indous infidèles ou païens).

On voit que sur toute l'étendue de l'Asie musulmane, c'est par la contrainte que l'Islam s'est établi ; d'une façon générale, il n'a pu éblouir que les grossiers natifs de la Malaisie et des îles Maldives ; ce résultat étonne, car enfin, il y a dans l'Islam quelques principes

(1) Cité par Haines.

élevés : l'unicité de Dieu, la faculté pour chaque croyant de le prier directement ; l'abstention de boissons enivrantes. Cela est vrai, et ce sont ces principes qui font peut-être la force de l'Islam aujourd'hui. Mais, lors des conquêtes, ces principes disparaissaient derrière le pillage, le viol et la persécution, et plus qu'aujourd'hui, l'Islam apparaissait tel qu'il est en réalité : un monstrueux compromis entre la religion et les convoitises de la chair.

Suivons maintenant l'Islam en Afrique, nous y verrons encore le cimeterre à l'œuvre.

En Egypte, les Coptes, chrétiens schismatiques, accueillirent avec faveur les armées du général Anaron, qui les délivraient du joug orthodoxe : mais au bout d'un siècle, comme la supériorité de l'Islam ne les frappait pas encore, l'attitude des vainqueurs change du tout au tout ; les prêtres coptes paient tribut et sont marqués au fer rouge, comme du bétail ; s'ils s'insurgent, on leur tranche la tête. En 996 la persécution fait rage, les églises sont pillées et rasées, le sultan Hakim décide la déportation en masse des Coptes. Heureusement pour eux, il tomba dans une étrange hérésie musulmane : il crut être Dieu lui-même et oublia son projet.

En 1300 on oblige les Coptes à porter des turbans bleus et l'on autorise les musulmans à les tuer comme des chiens dès qu'ils enfreignent une des mille ordonnances vexatoires édictées entre eux. En 1320 soixante magnifiques églises sont détruites, enfin, en 1350, la terreur est telle qu'un grand nombre de Coptes apostasient. Après tout cela, comment ne pas admirer qu'il existe encore des chrétiens Coptes en Egypte et comment croire que l'Islam soit merveilleusement adapté aux besoins des peuples orientaux ?

Dans le Mahgreb. — Plus guerriers que les Coptes, les Berbères rejetèrent *douze fois* hors de leur frontière les armées arabes, mais douze fois, ces troupes disciplinées revinrent à la charge et malgré les prodiges de valeur des Berbères, malgré leurs chefs (telle cette Kahina, véritable Jeanne d'Arc), après soixante et dix ans de résistance — c'est-à-dire deux fois plus que la durée de la résistance aux armes françaises — les Berbères durent accepter la suzeraineté du Calife. Une fois de plus leur indiscipline les perdait, elle allait leur donner un maître autrement tyrannique que les Carthaginois ou les Romains, les Vandales ou les Byzantins. Là encore, à chaque recul de l'ennemi, les Berbères, chrétiens et païens, s'étaient empressés de renier l'Islam, et là encore l'Islam s'imposa par la persécution et l'éducation des enfants selon les idées coraniques, malgré la volonté des parents. Mais les chrétiens résistèrent d'une façon admirable ; en face de la mosquée triomphante, continuaient de s'élever des masures qui servaient d'églises et qui souvent rasées étaient toujours rebâties.

Nous trouvons des traces de ces malheureuses communautés pendant tout le Moyen-Age, et ce n'est que l'invasion turque, au bout de neuf siècles de résistance, qui put balayer les restes de l'église d'Afrique au moment même où la Réforme donnait une telle sève à l'Eglise d'Europe (même dans sa fraction restée romaine) qu'elle allait conquérir par ses Missions, au delà des mers, de vastes provinces pour le Royaume du Christ.

TURQUIE. — Revenons, pour en finir avec le cimeterre, au foyer actuel du Mahométisme, à cet empire ottoman qui n'est plus qu'un débris de l'ancien empire des Califes. Vous y trouviez, hier encore, palpitant sous vos yeux, les faits que nous avons exposés pour tant de peuples divers. Spectacle horrible et sublime à la fois ! Le bourreau ne se lassait pas de frapper, mais la victime ne se lassait pas de souffrir !

Abd-oul-Hamid appliquait périodiquement aux Arméniens et aux autres peuples chrétiens qui étaient sous sa domination, les arguments de force que nous avons vus, pour les persuader de la beauté de la religion du Prophète !

Pour nous, Européens, Abd-oul-Hamid est un monstre, un dégénéré, mais aux yeux des mahométans fidèles — ici je parle en témoin — Abd-oul-Hamid est un chef grand et fidèle, *à cause de ces massacres même* (1) : en les ordonnant il obéissait à la fois à ses devoirs d'empereur, et à ses devoirs de chef religieux ; il était en cela l'héritier et le continuateur de tous les bons califes, car ce n'est pas du XIXe siècle que datent ces massacres.

(1) Les massacres de chrétiens en Asie-Mineure ont redoublé depuis l'internement d'Abd-oul-Hamid, et les Jeunes-Turcs sont impuissants à les réprimer, car la masse du peuple est encore trop musulmane pour cesser d'être fanatique.

*
**

Si l'Islam eut tant de peine à se faire accepter dans chacun des pays qu'il s'assujettit, malgré le secours béni du bras séculier, quelle influence eut-il donc là où il fut porté par de simples marchands ?

En Malaisie et aux Iles Maldives, il remporta des succès incontestables, mais n'y a-t-il pas lieu d'être frappé du fait qu'il échoua dans l'Afrique du Sud, à Madagascar et en Ethiopie ?

A Madagascar pourtant, une forte immigration arabe eut lieu vers le Moyen-Age, et la caste noble des Andriana doit son teint plus clair, d'après la tradition, aux unions des princesses indigènes avec ces Arabes.

Le Coran ne manqua donc pas de prédicateurs : une armée, une campagne militaire, firent seuls défaut, mais cela suffit pour enlever à la religion du Prophète la force de supplanter le grossier animisme des Malgaches.

A Zanzibar nous trouvons aussi (malgré l'idée répandue que tout mahométan est un missionnaire) des musulmans qui ne cherchent pas à islamiser. On était trop avide d'esclaves pour vouloir des convertis ; et comme Mahomet interdit d'asservir des « Croyants », on vit au contraire, paraît-il, des traitants arabes refuser de reconnaître pour Musulmans des villages qui se déclaraient tels, afin de pouvoir *consciencieusement* tuer, brûler, enchaîner et vendre.

Toute l'Afrique du Sud-Est fut sillonnée par

UN KABYLE CONVERTI : Mohand-ou-Amar

les Arabes ; or, les indigènes sont restés païens dans leur ensemble ; et de deux choses l'une : ou bien l'Islamisme ne charme pas irrésistiblement le cœur des noirs, ou bien, loin du berceau de leur religion, la piété des Arabes eux-mêmes tiédit, et ils défaillent à accomplir les vœux du Prophète qui tendaient à faire retentir l'Univers entier du chant des Muezzin, appelant cinq fois le jour les croyants à la prière.

En Abyssinie, également, l'échec des tentatives militaires amena la stérilité de la propagande musulmane. Aucun peuple n'aurait dû, semble-t-il, adopter le système nouveau avant elle : c'est en Abyssinie, en effet, que se réfugièrent les premiers sectateurs de Mahomet, au moment où les Coreïschites cherchaient à se défaire de cette secte, et avant que Mahomet ait eut la puissance de répondre à l'épée par l'épée.

Si l'Islam présentait la beauté et le charme irrésistible qu'on lui prête parfois, n'est-ce pas dans ce pays qu'il aurait dû s'épanouir dès l'origine ? Le peuple d'Ethiopie avait facilement écouté les missionnaires juifs, puis les chrétiens et l'Islamisme se présentait à lui avec l'auréole de la persécution.

Or, nous trouvons en Abyssinie, aujourd'hui, une majorité de chrétiens dégénérés, des juifs au teint noir et des païens de race Galla ; mais de Musulmans, il n'y a guère (1).

(1) **Les Ethiopiens les regardent comme leurs ennemis héréditaires, témoin cette boutade : « Les Abyssins évitent l'eau, le café et le tabac, parce que ce sont des choses qui leur rappellent l'Islamisme. » Burckhardt et Gruneman, « Les Missions Evangéliques. »**

Dans son ensemble, le mouvement arabe fut prodigieux, il eut la fortune de trouver au loin devant lui des empires en décomposition ; dans l'ancienne Assyrie, en Egypte et à Constantinople, tout était anarchie ; et tandis qu'en Occident l'Eglise ramassait le sceptre tombé des mains débiles des empereurs de Rome, en Orient, l'Eglise et l'Empire, livrés tous deux aux discussions métaphysiques, au « byzantinisme », ne pouvaient plus offrir qu'un semblant de résistance aux hordes turques converties d'abord de force à l'Islam.

Ainsi se fonda le monde musulman : il engloba bientôt l'Asie Occidentale, l'Europe jusqu'au Danube, avec la Sicile et l'Espagne, et toute l'Afrique du Nord. Nous nous demandions quelle part dans ces conquêtes revenait aux armes, et quelle part à la religion ; il s'est trouvé que la part de la religion est minime.

Tandis qu'en Quatre-vingt-treize les doctrines de la Révolution précédaient les armées françaises et leur gagnaient des provinces entières avant que nos soldats en eussent foulé le sol, au temps des conquêtes arabes l'Islam suivait avec les bagages, et la seule force qu'il posséda, force négative, fut de conserver dans une immobilité séculaire la postérité des peuples soumis, en inculquant dogmatiquement ses rites, ses formules et ses légendes à l'esprit malléable des enfants.

Il est vrai que les Musulmans ne font pas de distinction entre le temporel et le spirituel, le Coran prétend apporter un principe d'ordre politique et de justice civile en même temps que de vérité religieuse ; leurs califes répondaient à l'idéal d'Innocent III : porter à la fois la couronne et la tiare ; mais pour un esprit élevé, cette union même du dogme et du cimeterre, cette combinaison révoltante du brigandage, de l'adoration et des bonnes œuvres, est déjà la marque d'une religion grossière, bien inférieure au Boudhisme ou au Confucianisme; et lorsqu'on constate que pendant des siècles, malgré la pression la plus écrasante et malgré toutes les ruses des convertisseurs, ni les Arméniens ni les Coptes n'ont désarmé dans leur horreur pour la religion du Prophète ; lorsqu'on constate enfin que là où il s'est trouvé dépourvu des secours militaires, l'Islam n'a pour ainsi dire pas fait de prosélytes, on s'insurge contre l'affirmation de « la profondeur de l'œuvre missionnaire de l'Islamisme », et l'on nie énergiquement, — d'après le témoignage de vingt peuples mieux placés que nous pour le savoir — que ce système soit « admirablement adapté à la nature et aux besoins des peuples orientaux. »

CHAPITRE II

La Morale musulmane

Mahomet, qui déniait au Christ tout caractère divin, revêtit lui-même avec audace tous les attributs dont il le dépouillait ; tout en affirmant n'être qu'un simple mortel, il ne craignit pas, en effet, de se proclamer Révélateur suprême, Médiateur indispensable, Modèle et Sauveur uniques ; et deux cents millions d'hommes, l'exaltant de plus en plus à l'égal d'un dieu, jusqu'à faire de lui la Providence même (2), s'efforcent encore aujourd'hui, de vivre comme il a vécu.

Il est donc nécessaire de caractériser d'abord, en quelques traits la vie morale de Mahomet.

Elle offre un mélange déconcertant de rêves philosophiques et mystiques, d'affirmations réformatrices, d'un génie excellant également à la poésie, à la diplomatie, aux armes et au gouvernement, et d'autre part d'imposture, d'hypocrisie, d'injustice, de sensualité et de cruauté.

---

(2) Lors du dernier anniversaire du Sultan, on le félicita de ce que « Mahomet avait permis » que son jubilé coïncidât avec l'avènement du régime constitutionnel.

Sa cruauté se montre assez dans sa conduite envers les juifs du territoire de Médine ; à son arrivée il s'en fait des alliés, mais, devenu fort, et ne réussissant pas à les convertir, il les extermine jusqu'au dernier, en les attaquant tribu après tribu.

Sept cents Juifs Coraïdites furent un jour fait prisonniers, on les égorgea tous, au bord de longues fosses, sous les yeux de Mahomet, et comme le soir tombait, il fit apporter des torches pour ne pas remettre au lendemain la fin de la fête (1).

Les Arabes tombés entre ses mains n'eurent pas toujours un meilleur sort comme le montre ce second trait :

« Plusieurs captifs, pris à Beder, furent mis à mort de sang-froid avec la connivence du Prophète, sinon sur son ordre direct. Comme un de ces infortunés était tué sous ses yeux : « Je remercie le Seigneur, s'écria pieusement Mahomet de ce qu'il réjouit mes yeux par ta mort. » Et comme le mourant demandait qui prendrait soin de son petit enfant, le Prophète répondit farouchement : « Le feu de l'enfer ! (2).

On comprendrait cette férocité chez un païen, on ne la comprend plus chez l'Envoyé Suprême de Dieu, qui prétend compléter et corriger Jésus-Christ !

Mais le trait principal du caractère de Mahomet, c'est la sensualité. A peine a-t-il trouvé un asile à Médine, qu'il épouse, homme de cin-

---

(1) Savary, *Le Coran*, p. 47, citant Zannab et Aboul-Feda, docteurs musulmans,

(2) Haines : *Islam a missionnary religion*, p. 38.

quante-trois ans, une petite fille de huit ans, nommée Aïescha (1.

Lorsqu'il fixe les lois du mariage, non content des *quatre* épouses légitimes permises aux Croyants, il s'en fait octroyer *douze* par le Coran, sans compter les esclaves, et il continue à affirmer avec une assurance qui stupéfie, qu'il est d'accord avec les préceptes de « Jésus, fils de Marie, le Verbe et l'Esprit de Dieu, le plus grand des prophètes parus avant lui. »

Femmes de ses ennemis et femme de son fils adoptif, tout devait céder à ses convoitises : à chaque citadelle juive prise d'assaut, la plus belle princesse venait grossir son harem, tel fut le sort de Jowaïra, de Rahnia et de Safia. Il leur donnait libéralement le titre d'épouses si elles embrassaient l'Islamisme, sinon les malheureuses devenaient ses esclaves.

Il avait adopté un jeune homme nommé Zaïd ; Zaïd avait une femme nommée Zineb ; Zineb était belle. Mahomet l'aima, et lui laissa voir sa passion : Zineb le dit à son mari, Zaïd en parfait courtisan, se hâta de répudier sa

---

(1) Pour éviter d'être mal jugé, il retarda de huit mois la consommation du mariage. Malgré la chaleur du climat, je ne crois pas qu'il y ait de *femmes* arabes au dessous de onze ou douze ans ; et encore, celles que l'on marie à treize ou quatorze ans, succombent souvent à la naissance de leur premier enfant.

Le lieutenant-colonel Villot confirme mon jugement et ajoute que parmi les femmes-enfants qui « résistent au premier enfantement », un très grand nombre sont couvertes de maladies incurables. La plupart deviennent stériles de très bonne heure.

femme, et Mahomet, sans gêne aucune, la prit pour lui.

Malgré son autorité déjà grande, cette turpitude causa quelque scandale. Mais un nouveau chapitre du Coran, écrit, comme les autres, « sur la table du septième ciel avant la fondation du monde » vint apprendre à propos, aux trop crédules Médinois, que la morale ne devait pas juger Mahomet, et que Mahomet lui-même était le critère (1) et le modèle de toute morale.

Mais le châtiment vint : tandis qu'il prétendait faire parler le Ciel suivant les besoins de sa cause, et tandis que la plus incroyable fortune semblait lui apporter le témoignage d'En-Haut, il ne fut pas béni dans sa vie privée : Aïescha, son épouse préférée, lui fut plus d'une fois infidèle, d'après la tradition musulmane, si bien que, pour éviter un scandale, Mahomet dut faire certifier l'innocence de la jeune femme, par une nouvelle surate toujours prétendue d'origine céleste. (Coran XXIV).

De plus, Mahomet eut la tristesse de voir mourir en bas âge ses quatre fils. Quiconque a vécu parmi les Orientaux sait que, pour eux, aucun trésor n'est comparable à un fils. Un fils, c'est l'honneur assuré pour l'avenir, c'est un chef pour la maison, c'est un soldat pour la guerre, c'est la bénédiction d'Allah. Ainsi pense le fellah-paysan, combien plus Mahomet dut-il pleurer ses fils, lui qui retenait uni dans sa main le plus vaste empire !

(1) *Le Coran*, sourate XXXIII, 37 et 38.

Enfin, sa mort ne fut pas l'apothéose qu'on devait attendre de l'apôtre de Dieu : il mourut miné par le poison qu'une juive mêla à ses aliments, alors qu'il festoyait sur les ruines fumantes de la citadelle juive de Khaïbar.

Il fut ainsi frappé comme chef de famille et comme guerrier : là où il avait le plus péché.

Plus d'une fois, ces faits durent surprendre les musulmans, mais ils n'en proclament pas moins que Mahomet fut sans péché, ainsi que les autres prophètes. Comme, malheureusement pour eux, Mahomet demande pardon pour ses péchés en plus d'un passage du Coran, les marabouts font des tours de force d'exégèse, et déclarent que Mahomet donnait là un modèle de prière à l'usage d'autrui, ou bien, par une argumentation opposée, que le terme de « péché », *zanb*, appliqué aux prophètes, ne signifie pas *transgression* mais *faiblesse* de la nature humaine (1).

Hélas, l'innocence des disciples ressemble à celle du maître, et du Sénégal au Turkestan ou à Java, la justice rituelle remplace la rectitude morale.

Les religions antiques avaient, *elles aussi, pour base* des rites, des pratiques et des fêtes ; mais, de toute leur force, les prophètes, puis Jésus-Christ luttèrent contre cette conception de la religion, et réussirent, en principe

(1) C'est là une erreur voulue de grammaire arabe et de théologie coranique. Cf. J. Monro, médecin missionnaire. *Moslem teaching as to the sinlessness of Mahomed.* Calcutta, 1903.

du moins, à fonder le culte sur la morale, et à faire adorer le Dieu de l'Univers à travers le Dieu de la conscience.

Le génie malfaisant de Mahomet consiste en ce qu'il a redressé les vieux autels, replacé la religion sur une base cérémonielle, et lié le salut à l'observance extérieure de formules, de génuflexions, d'ablutions, d'offrandes et de pèlerinages.

Ce fut une réaction formidable et néfaste, qui fit retomber d'un seul coup la huitième partie du genre humain au-dessous du niveau qu'avait atteint déjà la foi d'Abraham (1).

De nouveau la religion organisa la société en marge de la morale. Mahomet ne créa rien de nouveau, mais il fit un mélange monstrueux des dogmes juifs ou catholiques avec les notions fatalistes et sensuelles du paganisme arabe. Il ne comprit pas le Dieu-Père de Jésus-Christ, et il ne comprit pas davantage le Dieu-Saint des prophètes. Tout avec lui se brouille et s'obscurcit ; il avait fallu des siècles d'intervention divine pour que l'homme arrive à comprendre *que le mal est le contraire du bien*, que le faux est le contraire du vrai, et que les ténèbres ne peuvent s'associer à la lumière ; pour Mahomet, bien et mal ne sont plus que deux reflets d'un même caprice divin : l'on ne saurait s'empêcher de mal faire, de suivre sa nature, et c'est Dieu seul qui agit dans le monde en nous manœuvrant, en quelque sorte, comme des

(1) Le Coran dit explicitement que la religion de Moïse et celle de Jésus-Christ sont des *déformations* de celle d'Abraham.

automates. Aussi demandez à un musulman pourquoi il a volé ; il vous répondra : « Dieu m'a fait réussir » ; acculez un Arabe à choisir entre deux notions contraires, il vous répondra d'un geste évasif : « Dieu les a voulues toutes deux. »

Plus d'une fois j'ai mis, devant mes auditeurs, en opposition ces deux passages : « Aimez vos ennemis » et « Si ton ennemi t'attaque, baigne-toi dans son sang » (1), mais les plus avancés d'entre eux qui désirent sincèrement servir Jésus-Christ, croient encore pouvoir regarder comme un prophète de Dieu, l'homme qui formula le second de ces préceptes.

Au fond, pour un vrai musulman, la conscience individuelle n'a pas d'autorité, il n'y a pas de Dieu intime, il n'y a pas d'impératif catégorique, il n'y pas de vrai et de faux en soi. Il n'y a qu'un modèle historique : c'est Mahomet, et pour être sauvé, il suffit de faire le Ramadhan et de dire avant de mourir, l'index levé vers le ciel : « Dieu est Dieu et Mahomet est son apôtre. »

Comment veut-on qu'un tel système puisse concourir au grand œuvre de la civilisation ?

Ce qui a été le principe de notre civilisation c'est l'Evangile de Jésus-Christ. C'est lui qui a posé à la base de notre vie la loyauté absolue envers la conscience, et fait de la morale la base de la société. De l'amour du prochain viennent tout naturellement la confiance réciproque, le crédit et la démocratie ;

(1) Math., V. 44, opposé au Coran II, 187.

et la soif de vérité morale conduit à la recherche de la vérité dans tous les domaines, c'est-à-dire à la Science.

Tout cela n'existe ni chez Mahomet, ni chez les Mahométans d'aujourd'hui : on les croit parfois en train d'évoluer et de se « moderniser ». Mais tous les mouvements libéraux sont, chez eux, d'origine occidentale.

Lisez les documents qui suivent, vous y trouverez un tableau fidèle de l'état moral des musulmans d'aujourd'hui. On pardonnera le réalisme de certains traits : il faut regarder les choses en face. Je n'ai cité comme témoins que des hommes ayant vécu longtemps dans les pays qu'ils décrivent, fonctionnaires ou missionnaires ; ils vont nous montrer combien peu le niveau moral des musulmans dépasse celui des peuplades païennes, et combien — loin de paraître des alliés pour nous, disciples de Christ — ils sont dignes de notre pitié et de notre enseignement.

A côté de vertus remarquables : l'hospitalité et la sobriété, notamment (1), nous trouvons chez eux, les vices les plus terribles ou les plus honteux répandus partout, et comme chez Mahomet, *la sensualité* et la *cruauté* viennent en première ligne.

---

(1) On est bien reçu, en pays musulman... pourvu qu'on soit *accepté* comme hôte ; avant l'occupation française, dans le territoire d'Il Maten, l'amende à payer pour avoir assassiné et détroussé un voyageur d'une autre tribu, était fixée à 12 fr. 50. *Khamsa tirialin*.

Le vin et l'absinthe surtout commencent à faire des ravages chez les musulmans des villes coloniales. L'opium est fumé jusque dans les montagnes.

L'homme regarde les satisfactions de la chair comme tellement naturelles, qu'il en fait l'essence du Paradis, et en attendant d'y être, il recherche l'adultère, il divorce fréquemment pour le plaisir de changer d'épouse ; lorsqu'il est jeune, sa pauvreté l'oblige à acheter une femme d'un certain âge, mais lorsqu'il a acquis quelque bien, il lui ajoute souvent une fille d'une douzaine d'années, suivant ainsi *l'exemple* du Prophète.

De là résultent des maux insondables pour l'homme, pour la femme et pour l'enfant.

Chez les Maures, en Sénégambie, « on voit à chaque instant des unions et des désunions s'accomplir dans une tribu... » Les femmes sont heureuses et flattées dans leur amour-propre quand elles peuvent se vanter d'avoir successivement contracté plusieurs mariages, car c'est la preuve qu'elles ont été séduisantes pour beaucoup d'hommes... L'adultère est rare, mais lorsqu'un mari s'aperçoit qu'un homme est amoureux de sa femme, il va au-devant de ses désirs et il est le premier à la lui offrir, contre restitution de la dot et quelque mince cadeau. Or, qu'on ne s'y trompe pas, tous les coureurs du désert depuis Mogador jusqu'à Tombouctou, sont comme les Maures que nous voyons à nos escales... ; avec de pareils hommes, avec de pareilles mœurs, il n'y a aucune alliance durable à espérer, et quoi que nous fassions il y aura toujours un antagonisme absolu entre eux et nous » (1).

(1) Béranger-Féraud, chef du service de santé de Sénégambie. *Les peuplades de la Sénégambie*, page 97. Leroux, 1879.

Chez les Haoussa, nègres du Soudan anglais, formant un puissant royaume musulman, la femme quoique plus libre que dans le Nord de l'Afrique est la chose de l'homme. « Les plus petites filles apprennent les pires vices, aucune n'est innocente, aucune n'est pure. Les garçons et les filles grandissent dans la plus épaisse atmosphère de péché, et cela sous la plus stricte adhérence aux lois extérieures de l'Islam... C'est plutôt un recul qu'un progrès sur le paganisme » (1).

D'autres témoignages attestent également que l'incontinence du musulman blanc ou noir est plus grande que celle du nègre païen.

En Arabie « Le Révérend J. Van Ess », missionnaire à Bousrah, dit que parmi les Arabes nomades et ceux qui vivent sous un gouvernement patriarcal, la polygamie est la règle invariable : un cheik avait plus de quarante femmes, et ne connaissait pas *le nombre de* ses enfants. Van Ess voyagea aussi avec un homme qui troqua sa femme contre un fusil ; la transaction fut regardée comme parfaitement légitime, et les deux parties pensèrent avoir fait une bonne affaire.

Parmi les Chiites (2) à Kerbela et à Nzef, il y a communément des mariages temporaires pour une semaine, un mois ou plus. Le contrat et l'intimité finissent au terme convenu.

---

(1) Dr R. W. Miller. *Islam in West Africa*, dans *The Mohammed and World of to-day*. New-York, 1906.

(2) Musulmans schismatiques. *Kerbela*, près de l'antique Babylone, est pour eux ce que La Mecque est pour les Sunnites.

excepté s'il y a des suites, l'homme devant alors se charger de l'entretien de l'enfant jusqu'à sept ans » (1).

En Perse « Le système des mariages temporaires est largement pratiqué d'après des traditions que les Sunnites rejettent. A Qum et dans les autres villes saintes, un grand nombre de femmes se consacrent à ce genre de vie, et les Moullah (prêtres) gagnent une bonne partie de la leur en célébrant ces mariages » (2).

Dans le Bélouchistan, « la pauvreté rend le peuple monogame, mais beaucoup de prêtres et de chefs ont cinq et six femmes, et les chefs en ont jusqu'à soixante dans les districts éloignés de l'influence britannique. Ce sont en général des esclaves, que le chef donne à ses courtisans ou aux esclaves mâles, sans aucune formalité de mariage. Après une expédition victorieuse les captives sont à vil prix et chacun en profite. A la cour du Khan ont lieu des orgies indescriptibles. Quant à l'avarie, elle est appelée : « le mal des prêtres » ce qui montre assez l'exemple qu'ils donnent (3).

En Inde nous trouvons également polygamie, concubinage, réclusion des femmes et divorces multiples. Mais des voix musulmanes influencées par les missionnaires protestants

---

(1) Rd-J.-C. Young. *Islam in Arabia,* dans *The Mohammedan World of to-day.*

(2) Dr Saint-Clair-Tisdall. *Islam in Persia,* dans *The Mohammedan World of to-day.*

(3) Duncan Dixey. *Islam in Bélouchistan,* dans *The Mohammedan World of to day.*

commencent à demander l'abolition de la réclusion et de la polygamie (1).

Chez les Bataks, *à Sumatra.* « Lorsque l'Islam s'implanta dans l'île, le niveau social de la femme baissa notablement. Suivant la vieille loi Batak le divorce était puni et extrêmement difficile. L'adultère était puni de mort, en fait, le coupable était... mangé, cette mort étant regardée comme le plus ignominieux des supplices.

Au contraire, le Batak musulman peut répudier sa femme quand il lui plaît. — Ce sont les chefs religieux (*hadjés*, pèlerins de la Mecque, et *Moualim*, prêtres), qui changent le plus souvent de femmes. On peut dire que la femme Mahométane, a été, à Sumatra, dégradée par la conception islamique du mariage, dans la même proportion que la femme chrétienne a été élevée par la sainteté que le christianisme attache à cette institution » (2).

En Algérie, chez les Arabes : polygamie, mépris de la femme « mule le jour, reine bien-aimée la nuit », promiscuité de la tente, mariages d'enfants tel est le bilan qu'un officier de police judiciaire nous présente après une longue carrière en Algérie : « les enfants vivent eux-mêmes comme de petits animaux », ajoute-t-il, et plus loin : « Il n'est pas une tente que l'adultère ne trouble, pas un inté-

(1) Dr Wherry, *Islam in North India*, dans *The Mohammedan World of to-day.*

(2) J.-K. Simon, de la Société Missionnaire Rhénane, *Islam in Sumatra*, dans *The Mohammedan World of to-day.*

UN CENTRE DE SUPERSTITION MUSULMANE :
Aïn-el-Hammam

(Culte des arbres et des sources)

rieur que la jalousie ne déchire, et les précautions les plus minutieuses, les surveillances les plus multipliées, ne parviennent pas à protéger l'honneur de ces maîtres si terribles et si soupçonneux. La femme, traitée comme un être inférieur se joue de tous les obstacles. C'est toujours la femme des *Mille et une Nuits*, enfermée dans une cage de verre, gardée par un Génie jaloux, et réussisant à tromper quand même » (1).

Chez les Kabyles, nous voyons la même sensualité être le mobile de beaucoup d'hommes intelligents et nobles de nature ; leur conversation ne roule que sur des sujets scabreux, leurs chansons, pour la plupart, sont obscènes, et les prêtres ou marabouts montrent l'exemple de l'immoralité, eux et leurs femmes.

Plus un musulman pratique sa religion et plus il est mauvais, en général. En effet les justes n'éprouvent pas le besoin d'effacer leurs fautes au fur et à mesure par quelques génuflexions.

Presque tous ces traits sont communs à l'ensemble des pays musulmans. Ainsi d'un bout à l'autre, les disciples de Mahomet frémissent de passion sans frein ; chacun d'eux prendrait à son compte ces paroles d'un Arabe du septième siècle, marchant au combat :

« Il me semble voir les filles aux yeux noirs me regarder, elles pour qui se mourrait d'amour tout le genre humain, si elles paraissaient sur la terre.

(1) Lieutenant-colonel Villot, ouvrage cité, page 112.

Et voici dans la main de l'une un turban de soie verte et un fez de pierres précieuses, et elle me fait signe et elle s'écrie : « Monte vite ici (au Paradis), car je t'aime ! » (1).

Hélas sous des dehors poétiques cette sensualité cache une décomposition sociale, des misères morales et des maux physiques qui offrent à l'observateur chrétien le spectacle le plus affreux.

L'amour de la guerre est tel, chez les Musulmans, qu'ils ne se contentent pas du *Djehad*, la guerre sainte, mais qu'ils ne cessent de se déchirer entre eux, de tribu à tribu, de village à village, de maison à maison. C'est pourquoi le Maroc ne connaîtra la tranquillité que lorsqu'une puissance européenne aura pris fermement la direction d'un réseau de police couvrant tout l'empire, comme en Algérie et en Tunisie.

La vendetta est d'origine probablement musulmane, et la dette du sang, ou *daïa*, est une *dette sacrée* :

« En 1845 un Maure Trarza venait à Saint-Louis (Sénégal) pour faire quelques achats : arrivé à Bop-N'Qior (maintenant Pont-de-Kor ?), qui est séparé de la ville par un bras de fleuve seulement, il sollicite de passer dans une embarcation que deux enfants de dix à douze ans conduisaient, chargée de bois de chauffage : les pauvres gamins accueillent sans défiance l'étranger, et comme la traversée était

---

(1) Haines, ouvrage cité.

assez lente, la conversation s'engage sur n'importe quel sujet. A un moment donné, le Maure, préoccupé par leurs paroles, leur demande à quelle famille ils appartiennent ; les enfants disent sans défiance leur nom. Sans plus tarder, le misérable saisit l'un des deux et lui coupe le cou, il en fait autant de l'autre, et sans même prendre la peine de jeter leur corps hors du canot, il aborde à Saint-Louis, laissant aller la barque à la dérive. Quelques heures après il était arrêté, et quand le magistrat lui demanda pourquoi il avait commis un tel crime, il répondit sans hésitation, avec une simplicité effrayante même : J'ai appris par hasard que ces gamins étaient les enfants de mon mortel ennemi, et comme plus tard ils auraient pu me tuer, j'ai voulu les exterminer. »

Dans la guerre, le prisonnier est, partout, mutilé atrocement et sa tête orne les murs de la citadelle.

Nos soldats en Algérie, et au Maroc en ce moment même, savent quel est le sort qui attend les traînards : on leur coupera, vivants, les pieds et les poignets, puis les genoux, et les coudes, les cuisses et les épaules, sans parler d'autres sévices.

Les guerres sont incessantes : dans le Béloutchistan, un voyageur raconte avoir vu beaucoup plus de tombes que de vivants, et pourtant les tombes s'effacent au bout de peu d'années. A El Maten, on entretenait avant la conquête française, soixante-quinze chevaux, non pas pour la culture — le mulet et le bœuf pouvant seuls travailler ces pentes raides, — mais uniquement pour faire la guerre avec les tribus habitant de l'autre côté du fleuve.

Dans le sein même de la famille la cruauté et la brutalité la plus révoltante règnent. Je crois bien que dans les maisons riches de Constantinople, du Caire ou d'Alger il n'en est pas ainsi, mais dans l'intérieur, les mêmes causes produisent toujours les mêmes effets : pour un rien, le mari roue sa femme de coups, jusqu'à ce qu'elle tombe sans connaissance, le fils, même, frappe sa mère. Il y a quelques semaines, j'ai vu un homme nommé Elaoucine-ou-Homad décoiffer sa vieille mère à coups de poing et la frapper si rudement qu'elle tomba de son long sur le rocher de la ruelle. Cela se passait devant la mosquée, et une vingtaine d'hommes regardaient impassiblement ce spectacle familier.

*
* *

Nous reconnaissons avec joie que l'Islam a supprimé le cannibalisme, les sacrifices humains et les ordalies, dans les pays païens (1), de plus il a donné aux tribus et aux clans assez de cohésion pour former de vastes royaumes qui — bien que déchirés au dedans — offrent peut être un peu plus de résistance que les peuplades païennes aux invasions et aux germes de dégénérescence.

(1) Le paganisme est encore singulièrement vivant à l'intérieur de tout pays musulman, par le culte des pierres et arbres sacrés, des hauts lieux et des fontaines : par la crainte des Djins et des esprits, tels qu'Errohania ; l'Islam a adopté tout cela *en fait*, changeant seulement en noms arabes les noms des sanctuaires locaux.

Mais malgré ce progrès, c'est la terreur qui règne d'un bout à l'autre du Dar-oul-Islam, chez les pauvres et chez les riches, le jour et la nuit. Partout ce n'est que mensonge, vol, violences, haines. Un faux témoignage se vend trois francs, en moyenne, à Il Maten. Le père n'a pas confiance dans le fils, le mari, dans sa femme.

On ne peut s'imaginer l'état de qui-vive perpétuel où se maintient quiconque possède quelque bien : « la nuit, c'est la part du pauvre, quand il est courageux », dit le proverbe arabe. Autour de leur village, les Kabyles possèdent presque tous un coin de jardin, un petit verger. Eh bien ! pendant toutes les nuits d'été, il leur faut y monter la garde, dans une hutte pittoresquement juchée à la fourche d'un arbre. Là, le fusil entre les jambes, ils attendent, prêts à tirer sur quiconque passera.

Malheureusement les voleurs font pis : ils percent les murs comme les larrons de l'Evangile, et malheur au maître de la maison endormi. Ah ! les Kabyles nous comprennent, lorsque nous leur lisons la recommandation du Maître : « Veillez donc, car vous ne savez ni le jour ni l'heure où le larron viendra. » La maison missionnaire d'Il-Maten, elle-même, fut percée six fois par des voleurs ayant à leur tête... le chef du village ! Ils étaient prêts à égorger ceux qui auraient gêné leur plan. Heureusement le courage du gardien parvint toujours à les mettre en fuite, avec le secours de Dieu (1).

(1) Cf. dans le *Témoignage* du 21 août 1908, *Au pays des Kabyles*, par B. de J.

Les extorsions des fonctionnaires ou des chefs sont universelles : en Turquie, du haut en bas de l'échelle, et en Algérie chez les caïds et les chefs de village. Tout leur est bon pour rançonner le malheureux contribuable : s'il prospère, on le fait « chanter » sous la menace d'une augmentation d'impôts. Si au contraire les sauterelles « dévorent le pays » comme cette année, et que par surcroît le gouvernement réquisitionne les indigènes pour défendre les colons contre le fléau, le chef du village portera malade celui qui lui aura donné « de quoi boire le café », et le voisin, au lieu de faire la corvée un jour sur deux, la fera tous les jours, parfois pendant six semaines !

Parlons maintenant de l'ignorance et de la routine : aux Indes, dans le plateau du sud, les musulmans sont considérés comme une classe de gens arriérés, et pour les encourager, on leur fait payer demi-tarif dans les écoles (1). Le nombre des illettrés musulmans en tous pays varie de 80 à 99 pour 100, sauf en Chine où il est de 50 pour 100. La moyenne générale semble être de 90 pour 100.

La mortalité infantile, en Syrie et en Palestine, est beaucoup plus forte chez les Mahométans que chez les chrétiens d'Orient ; comme en Kabylie, ils ont pour le danger de contagion une superbe indifférence : j'ai vu des mères laisser leurs enfants jouer avec des camarades couverts des boutons de la petite vé-

1) Goldsmith. *Islam in South India*, dans *The Mohammedan, World of to day*.

role. Allah n'a-t-il pas fixé les destins de toute éternité ?

Un dernier trait relie les autres ensemble : c'est que les plus misérables, les plus ignorants, les plus fourbes, les plus apathiques, les plus licencieux et les plus criminels, vivent sous la mélopée des muezzin, les invitant cinq fois par jour à la prière, dans un parfait contentement d'eux-mêmes.

De ces faits deux leçons se dégagent : la première, c'est qu'ils s'abusent étrangement, ceux qui espèrent trouver dans l'Islam un allié pour la civilisation.

Nos Colons algériens ne s'y trompent pas, lorsqu'ils s'opposent à la naturalisation des indigènes (qu'on voudrait leur octroyer en échange du service militaire) : ils savent trop bien que tant qu'un musulman restera musulman, on ne pourra compter ni sur son intégrité, ni sur son esprit d'initiative, ni sur son loyalisme.

Un magistrat me le marquait naguère d'un mot expressif : « Ils sont indécrottables. »

L'Islam a fait retomber dans la barbarie ces admirables contrées de l'Asie Mineure et du Nord de l'Afrique, qui furent, aux premiers siècles de notre ère, le cœur même de la civilisation : et s'il a exhaussé quelque peu le niveau social des Noirs et des Malais, il est aujourd'hui le seul obstacle puissant à leur développement.

Du reste, la plupart des musulmans, (ceux-là seuls sont logiques) déclarent expressément repousser notre civilisation, qui n'est qu'un épisode désagréable dans l'histoire de la conquête du Monde par les Turcs ou les Arabes, avec, pour idéal, la vie guerrière et pastorale du septième siècle.

En laissant de côté le point de vue religieux, au simple point de vue de la civilisation, l'Islam doit donc être combattu.

Mais au devoir de le combattre s'ajoute un devoir plus doux : il n'est plus permis de rester insensible aux maux eux-mêmes qu'il a causés. Il faut avoir pitié, aimer et secourir.

Hélas ! jusqu'ici, pour ces enfants élevés sans soins et sans pudeur, pour ces femmes opprimées, pour ces hommes forts et intelligents, mais perdus par la licence qui crétinise et la haine qui rend sauvage ; pour tous ces ignorants, pour tous ces malheureux et pour tous ces malades, qu'a fait l'Église de Christ ?

Elle a fait les croisades !

Oh ! qu'elle donne aujourd'hui comme alors des milliers d'hommes avec enthousiasme, mais que ce ne soit plus pour tailler en pièces « les infidèles », que ce soit, au contraire, pour leur apporter l'amour et la sainteté, l'exemple de nobles vies, le dévouement de médecins, d'artisans, d'instituteurs et de pasteurs, témoignage unanime et triomphant pour le « seul nom » qui sauve, le nom de Celui qui apporte la liberté, la solidarité, la paix, la pureté, la vraie vie dans la vraie joie.

CHAPITRE III

Situation politique de l'Islam au Vingtième Siècle

RUINE DE L'EMPIRE DES CALIFES. — Mahomet avait divisé le monde en deux parties : *Dar-oul-Islam* (le pays fidèle) et *Dar-oul-Harb* (le pays de la révolte ou des païens). Les sujets de la première devaient convaincre ou égorger les sujets de la deuxième. Quant aux Chrétiens, ils n'avaient point de place dans cette conception du monde ; ils formaient aux yeux du Prophète une hérésie musulmane sans force et sans avenir.

Prophète ! il ne le fut guère en cela, et si la crise du Christianisme au temps des grandes invasions lui permit ce mépris, un siècle à peine s'était écoulé, que le Christianisme se réveillait en Occident et du coup se montrait le maître : dans les champs de Poitiers, les Arabes et les Berbères s'enfuyaient, laissant trois cent mille morts.

Le Christianisme se réveillait de nouveau, au début du Moyen-Age ; dans sa vie intime il franchissait vers Dieu une étape de plus : il bâtissait les cathédrales comme autant de prières émouvantes, et sur les mêmes plans gothiques il inventait les hôpitaux.

Au dehors une nouvelle victoire sur l'Islam fut le résultat de cet essor : ce furent les Croisades.

Nous savons mieux aujourd'hui comment Dieu veut qu'on le défende, mais l'offensive hardie de ces expéditions, prototypes des entreprises coloniales, enraya le progrès de l'Islam dans l'Est de l'Europe, comme la défensive valeureuse de Charles-Martel l'avait fait reculer dans l'Ouest.

A la fin du Moyen-Age, le zèle chrétien s'était refroidi, et bientôt les Turcs, redevenus menaçants, marchaient sur Vienne (1529) mais une troisième Réforme de l'Eglise eut lieu, accompagnée d'une Renaissance dans tous les domaines et tandis que l'Europe délivrée de la querelle entre la Papauté et l'Empire repoussait définitivement les Turcs, les grands voyageurs disputaient à l'Islam une partie de l'Océanie.

Enfin, une quatrième révolution des nations occidentales (quatrième réveil de la foi chrétienne en même temps) amène la démocratie en Europe, et lui donne l'hégémonie dans le reste du monde.

C'est pour l'Islam un coup plus funeste que tous les autres :

La Hollande lui prend la Malaisie, les Anglais l'Inde, les Français l'Algérie ; puis il perd l'Egypte et la Tunisie ; le Concert Européen arrache à ses massacres les Etats balkaniques, c'est-à-dire la moitié de la Turquie.

L'Afrique occidentale voit ses sultans, ses

émirs et ses madhis vaincus l'un après l'autre par la France, l'Angleterre et l'Allemagne, ces deux dernières les dépouillent encore de Zanzibar et de toute la côte orientale d'Afrique, enfin l'Angleterre et la Russie étreignent comme en un gigantesque étau le centre de l'Asie, imposant leurs lois l'une au Bélouchistan et au Sud de l'Arabie, l'autre au Turquestan et au Bokhara.

O califes ! que reste-t-il de vos conquêtes ?

Quelques royaumes dissidents : Maroc, petits Etats de l'Arabie, Perse et Afghanistan, et quelques pays encore soumis au Sultan : Turquie, Syrie, Palestine, Hedjaz et Tripolitaine.

La liste est courte. Quelle défaite pour l'Islam qui lie indissolublement la religion à la politique !

Mais ce n'est pas tout, ces musulmans de tous pays, qui sont soumis au nombre de 160 millions à des puissances chrétiennes (1), ne cessaient de regarder vers Stamboul, espérant voir le Commandeur des Croyants brandir l'étendard vert, proclamer la guerre sainte,

(1) *Mohamedan World of to day.* — Travaux lus à la première conférence des Missions en faveur des Musulmans, au Caire, en 1906 (page 292).

Nombre total des Musulmans... (millions).	233
Sous le gouvernement turc...............	45 1/2
— — des sultans indép...	22 1/2
— — des princes païens africains..........	4
Au Siam	1
En Chine....................	30
Sous le gouvernement anglais..............	81 1/2
— français...........	29 1/4
— — hollandais..........	29 1/4
— — russe..............	15 3/4
— — allemand.........	2 1/2

par le secours d'Allah, prendre une revanche éclatante et asservir à son tour l'Europe maudite.

Les massacres d'Arménie entretenaient leur foi et du Soudan jusqu'à Java on y saluait l'aurore d'une gloire éternelle (1).

Or, en l'année 1908, le Sultan de Stamboul a perdu l'administration de ses propres Etats, pour abdiquer en quelque sorte entre les mains de ministres responsables et d'une Chambre démocratique, sous l'inspiration des Chrétiens !

L'Espoir demeure. — *L'Islam nie ces faits.* La défaite de la théocratie musulmane est grande, il y a lieu d'en rendre grâces ; cependant, le formidable système de réaction et de ténèbres qu'est l'Islam, a encore des armes redoutables : le cimeterre est brisé, mais il reste *la ruse.*

Les nouvelles se colportent d'un bout à l'autre du monde musulman avec une rapidité extraordinaire ; ce sont les Marabouts qui les lancent et les marchands qui les répandent ; mais nous n'entendons pas souffler mot, pour l'instant, de la Révolution Turque. Par contre les *marabouts* et les *moualllim* ont parlé de la visite de l'Empereur d'Allemagne à Constantinople, comme d'un acte de vassalité, et ils se sont réjouis de la défaite des Russes par les Japonais, parce qu'ils croient ces derniers en train de devenir musulmans.

Leurs mensonges vont plus loin, ils ensei-

(1) *Mohamedan World*, page 296.

gnent au peuple que, lors de cette guerre Russo-Japonaise, c'est à Constantinople que fut signé le traité de paix, et comme nous leur parlions de Roosevelt :

— « C'est le Sultan de Stamboul ! répliqua le plus intelligent de nos interlocuteurs, d'une voix mordante ; la preuve, c'est que le sultan de Russie, dépité, ne voulut pas rester assis à côté du sultan du Japon devant le trône du grand Sultan, qu'il prit son siège et alla s'asseoir à l'autre extrémité de la salle. »

Les indigènes qui nous entourent sont persuadés que la France paie tribut à Constantinople, reconnaissant la suzeraineté de la Turquie. Il y a quelques jours, un jeune taleb (1) nous contait ce trait : « Il y a un café à Alger où sont inscrits les hauts faits de nos généraux, la conquête de l'Algérie et de l'Espagne ; le Beylick (administration française, héritière du Beylick turc) l'avait fait fermer, mais elle fut obligée de le rouvrir, par ordre du Sultan. »

Ces mensonges proviennent du dogme musulman qu'un pays Dar-oul-Islam (converti) *ne peut pas* redevenir Dar-oul-Harb, c'est-à-dire, retomber sous la loi des Infidèles.

Aux Indes, les Mahométans, pris entre ce dogme et leur désir de ne plus tenter de désastreuses rebellions, font des prodiges d'exégèse pour démontrer que l'Angleterre laissant toute liberté aux Musulmans est Musulmane elle-même.

Le patriotisme des « Croyants » trouve d'autres moyens encore : certains d'entre eux

(1) Etudiant en lettres musulman.

deviennent fonctionnaires des puissances coloniales, au centre de l'Afrique, en Asie, en Malaisie même, et sous le couvert de notre autorité, ils propagent ainsi puissamment leur idéal théocratique en même temps que leur foi. Une confrérie de Khouans (religieux), les Quadrya, s'est fait une spécialité de ce moyen d'autant plus redoutable, que la rigueur du climat oblige parfois à les laisser sans contrôle, et que même ils jouissent souvent de « la bienveillante neutralité de nos gouvernants, musulmans de tempérament, souvent de mœurs, et parfois de convictions » (1).

En Egypte, le missionnaire Andrew Watson, docteur en théologie, n'hésite pas à dire que l'occupation britannique, loin d'affaiblir l'Islam, l'a fortifié (2).

De même dans l'Ouest Africain Anglais : « Si le Gouvernement pratiquait une stricte neutralité, il est probable que l'Islam ne ferait pas beaucoup plus de progrès dans la Nigéria, par suite de la haine qu'inspirent les sanguinaires propagateurs de l'Islam... mais le Gouvernement emploie des Musulmans comme gouverneurs à cause de la rudesse du climat, il interdit aux missionnaires chrétiens le prosélytisme parmi les Musulmans, il répare les mosquées, souscrit pour les fêtes religieuses et... circon-

---

(1) D.-A. Forget : *L'Islam et le Christianisme en Afrique*. Cahors, 1900.

(2) Dans *Mohamedan World of to day*, il cite ce trait entre autres : « Un jeune égyptien chrétien fut condamné par le tribunal anglo-égyptien à plusieurs mois de prison pour avoir annoté un Coran. »

cit d'office les soldats païens qu'il enrôle. » (1)

L'Allemagne agit de même, sans se douter qu'elle abrite un serpent dans son sein, au Cameroun et à Zanzibar ; aux deux rivages de l'Afrique « les commerçants et les fonctionnaires Européens, se sont présentés partout aux indigènes *à côté* des Arabes ; ils les emploient dans leurs comptoirs, dans leurs bureaux, dans la troupe allemande elle-même. » (2)

Il en fut de même aux Indes, en Malaisie, et en Algérie naguère, mais l'Angleterre a porté à l'Islam un coup redoutable, en établissant aux Indes, l'anglais comme langue officielle.

Du coup, les Musulmans qui se trouvaient les fonctionnaires habituels, devinrent une classe arriérée. Les Hollandais, dans leur archipel admirablement administré, ont fini par comprendre que les Musulmans ne prêchent que révolte et, d'hostiles, ils sont devenus nettement favorables aux missionnaires protestants.

Quant aux Français, ils ont trop souffert du cléricalisme chez eux, pour continuer à favoriser celui des musulmans en Algérie ; aussi les indigènes ne peuvent prétendre à de hautes fonctions administratives et les délits religieux restent impunis. Jusqu'en 1830, en effet, les crimes d'hérésie, de profanation ou de manquements aux coutumes religieuses étaient jugés

(1) *Mohamedan World* : R.-W. MILLER.

(2) Charles VERNIER : *Islamisme et Christianisme en Afrique*, Montauban, 1908.

par les tribunaux civils turcs (1). Ces tribunaux s'écroulèrent avec la conquête, et depuis lors chacun observe l'Islam en Algérie, comme il lui semble bon.

C'est là une anomalie fort républicaine, et dont il faut féliciter la France. Dans les autres pays musulmans, les prêtres sont hiérarchisés et ont à leur tête un « chiekh oul Islam » ou un conseil d'Oulémas (sages), tel ce Medjelès qui est en quelque sorte le Sanhédrin de la Mecque.

Où veulent en venir les Musulmans en cherchant ainsi à occuper toutes les administrations ? Pour le savoir, regardons ce qui se passe là où ils sont forts : en Egypte, ils ne se contentent plus d'une influence religieuse et sociale ; ils usent de la politique, et *réclament à grands cris l'autonomie de leur pays* avec un régime parlementaire, faisant croire par là à leur évolution vers les idées modernes, alors que leur seul désir est de restaurer aussitôt que possible la théocratie musulmane (2).

On voit avec quelle adresse et quel ensemble les musulmans se servent de leurs conquérants eux-mêmes pour restaurer l'ancien empire des Califes.

La natalité. — Nous leur fournissons et c'est notre honneur, une autre arme encore : les musulmans, lorsqu'ils étaient maîtres chez eux ne cessaient de se décimer dans des guerres

(1) En Perse, la loi punissant de mort le musulman qui apostasie, n'est pas abrogée.

(2) Nous parlons des majorités ; telle semble être la politique de la « Jeunesse égyptienne. »

de tribu à tribu. Ils étaient fréquemment visités par les trois fléaux bibliques : la guerre, la famine et la peste ; mais aujourd'hui, le gendarme fait régner la paix, le colon la prospérité, et le médecin la santé (1), il en résulte... que les populations musulmanes s'accroissent dans les colonies, avec une extrême rapidité.

En Algérie, elles ont plus que doublé, sous le drapeau français, et en Malaisie, à l'autre extrémité de la Terre, elles ont aussi doublé dans les soixante-dix dernières années.

Or, on les instruit davantage, à mesure qu'elles se multiplient, et comme, quelque bienfait qu'on leur accorde, elles nous gardent une parfaite haine, il arrivera fatalement un jour où elles nous rejetteront sur nos rivages. — Ce n'est qu'une question de temps, et le moment serait peut-être proche si une guerre venait à éclater au sein de l'Europe, ou si le Péril jaune nous obligeait à porter tous nos efforts vers l'Extrême Orient.

Le *Péril vert* s'ajoutera, ainsi, au Péril jaune, d'une façon redoutable, au cours du vingtième siècle, à moins que l'intervention énergique des missions chrétiennes ne détache *radicalement* les indigènes de l'Islam.

(1) L'administration algérienne pratique la vaccination obligatoire de village en village, et chaque indigène est tenu de blanchir intérieurement sa maison à la chaux tous les trois ans. — Les médecins-missionnaires accomplissent des merveilles.

CHAPITRE IV

Activité missionnaire

ÉTENDUE DES MISSIONS MUSULMANES EN AFRIQUE. — Hélas ! pour l'instant ce sont eux, surtout, qui équipent des missionnaires, et, comme les Jésuites cherchant après la Réforme, au delà des mers, de nouveaux royaumes à mettre aux pieds du Pape, les Confréries de Religieux musulmans, guerriers, devins, marchands, instituteurs, se portent vers les espaces encore libres du Centre de l'Afrique.

L'Afrique se divise en trois zones : *le Nord*, qui est Berbère, est musulman depuis le VIIe, le XIe ou le XIVe siècle. *Le Sud*, peuplé de Bantous, est fétichiste ou chrétien. *Le Centre*, habité par les Nègres proprement dits, est disputé aujourd'hui entre l'Islam et le Christianisme (1).

Les musulmans y attaquent le paganisme par l'intérieur, et se montrent fort actifs : « En

---

(1) D. A. FORGET : *L'Islam et le Christianisme dans l'Afrique centrale*, Cahors, 1900. M. Bonnet-Maury lui emprunte sa carte, où deux lignes courbes indiquent la zone disputée, formant comme la ceinture de l'Afrique.

1898, écrit un missionnaire anglais, il y avait peu de musulmans au-dessous d'Idda, maintenant on en trouve partout jusqu'à Abbo et du train où ils vont il restera à peine un village païen sur les rives du Niger en 1910 » (2).

On constate le même fait dans maintes régions, aussi certains auteurs — avec satisfaction ou avec angoisse — s'écrient que les fidèles de Mahomet vont s'assimiler en peu de temps la totalité des cent millions de noirs encore païens.

Il n'en est rien : certes, il y a péril, mais ce péril peut être conjuré si les chrétiens restent fidèles ; il peut l'être aux yeux de la Foi, il peut même l'être aux yeux de la raison.

Nous allons montrer LES LIMITES ET LES LACUNES DE CE GRAND MOUVEMENT MISSIONNAIRE DE L'ISLAM en Afrique, pour rassurer les amis du Règne de Dieu, persuadé qu'il n'est pas bon d'exciter le zèle en faveur des païens en évoquant le spectre de l'Islam, comme si tout espoir était perdu quand un païen suspend à son cou un verset du Coran au lieu d'un bouton de cuivre !

Les musulmans exigent des méthodes spéciales, voire des missionnaires spéciaux ; il est certain qu'ils sont plus difficiles à convertir que des païens, mais laisser croire qu'ils sont inaccessibles à l'Evangile serait porter — et bien à tort — un grand préjudice aux missions qui ont commencé avec hardiesse à les christianiser au cœur même de leur empire, c'est plus

---

2) *Mohamedan World*, page 298.

que cela, c'est une insulte à Celui qui *doit* régner sur toute la Terre (1).

Si l'on songe que l'Islam est à Tombouctou depuis le xe siècle et au lac Tchad depuis le xive, et que ces deux régions forment encore aujourd'hui ses quartiers généraux au centre de l'Afrique, on est obligé de constater qu'*il s'avance lentement* (2) d'autant plus que les Confréries missionnaires, avec des périodes de recrudescence et de froideur n'ont cessé d'agir depuis le Moyen-Age.

On peut estimer même que l'influence de l'Islam, *meurt*, dans la zone centrale, au sein du paganisme, comme meurt le courant d'un fleuve dans l'Océan.

Quant à la zone du Sud, y compris Madagascar, on peut la regarder comme généralement réfractaire, car fort peu de Bantous sont musulmans jusqu'à ce jour, au sud de Zanzibar (3), et pourtant, dès l'an mille on trouve des Arabes à Kiloane, situé sur la côte orientale, à mi-hauteur de cette troisième zone (4).

La propagande musulmane semble donc avoir en Afrique des limites naturelles : c'est

---

(1) Notre dernier chapitre montrera les résultats que les premières tentatives auprès des Musulmans commencent à obtenir.

(2) Conversions obtenues par les Musulmans sur les Noirs en 13 siècles : 36 millions. — Conversions obtenues par les chrétiens *en 2 siècles* : 7 1/2 millions.

(3) Charles Vernier, op. cit., p. 30, note.

(4) Cf. Bonnet-Maury, op. cit. : « Ils firent peu de prosélytes parmi les nègres fétichistes, mais par contre introduisirent la traite des esclaves. »

un avantage pour elle de pénétrer par l'intérieur, en ce sens qu'elle est plus compacte et sans rivale, mais c'est aussi un grand inconvénient : la longueur et les difficultés de la route finissent par l'affaiblir jusqu'à la stérilité.

Mais il y a, même là où elle est forte encore, des *lacunes* remarquables entre ses diverses conquêtes.

De Tombouctou, deux courants se dirigent vers la mer, au Sénégal, mais ils laissent entre eux une vaste région « que l'Islam n'a qu'exceptionnellement pénétrée et où vivent les masses fétichistes des Bambaras et des Malinkés. » (1)

Le Dar-Four (Soudan central) compte une majorité de Berbères et d'Arabes, depuis des siècles, mais « malgré la grande influence de l'Islam qui en résulte » les nègres sont loin d'être tous musulmans » (2) et toute la côte, du Sénégal au Congo Français, reste réfractaire par suite de la présence des Européens.

Les méthodes missionnaires. — *Encore le cimeterre.* — Ce dernier fait jette un grand jour sur les mobiles de la propagande musulmane : comme au septième siècle (voir notre premier chapitre) la religion ne vient, souvent, qu'en seconde ligne ; elle sert les ambitieux et leur permet d'édifier rapidement de véritables royaumes ; sous prétexte de conversion, ils pillent, ils asservissent, puis, après un ou

(1) Commandant Ferry : *La France en Afrique*, Paris, 1905, cité par M. Bonnet-Maury.

(2) Ch. Vernier, op. cit., p. 39.

deux successeurs, leur royaume s'effrite, et le foyer s'éteint jusqu'à ce qu'il s'en rallume un autre là ou ailleurs.

Les Peuhls ou Foullahs, race brune probablement mêlée de sang nègre et berbère, se levèrent ainsi à l'appel d'un chef de génie : Othman-dan-Hodin, vers le milieu du XIXe siècle, et bientôt, les Peuhls électrisés conquéraient rapidement la plus grande partie du Soudan occidental, menaçant à la fois les colonies Françaises, Anglaises et Allemandes, fondant des villes fortifiées, et s'y installant, tandis qu'une grande partie des noirs terrifiés s'enfuyaient au fond des forêts pour échapper à leurs violences.

Les Peuhls étaient pour la plupart affiliés à la grande Confrérie des *Tidjanya*, ils menaçaient de subjuguer et de convertir tous les noirs du Centre-Ouest, en particulier les Pahouins qu'évangélise au Congo la Société de Paris. Aussi, le distingué fondateur (avec M. Teisserès) de cette œuvre poussait-il en 1901 un cri d'alarme bien justifié (1).

Mais à la mort d'Othman, le « Djehad » dégénérait peu à peu en simple chasse à l'esclave ; cela dura une quinzaine d'années, jusqu'en 1902 où sir F. Lugard réduisit complètement à l'impuissance les Peuhls de la Nigéria et s'empara de leur capitale : *Sokoto* (2).

Les Peuhls du Soudan français, plus au Nord,

(1) E. Allégret : *L'Islamisme en Afrique*, Dôle, 1901. Nous n'avons malheureusement pas pu nous procurer cet ouvrage.

(2) *Mohamedan World*, du Rév. Miller.

eurent le même sort ; malgré une héroïque résistance, *Rabah*, *Amadhou*, *Samory* furent capturés tour à tour ainsi que le Hadj-Omar qui passait pour être le Mahdi, le Messie attendu encore par les Musulmans.

Nos officiers, Archinard, Borgnis-Desbordes, Gallieni et d'autres, s'enfoncèrent au cœur de leurs royaumes, et s'emparèrent en 1834 de cette mystérieuse ville de *Tombouctou*, qui avait été au XIVe siècle « le cerveau du Soudan » et la capitale d'un brillant empire musulman, berbère.

M. Bonnet-Maury n'hésite pas à comparer ces victoires à celle de Charles-Martel, pour l'importance des résultats.

Les Anglais eurent un autre Mahdi, terrible adversaire, qui, établi sur le Haut Nil, cherchait à faire rentrer l'Egypte entière sous son égide ; en 1885, il s'emparait de Khartoum, y décapitait le noble colonel Gordon et ce ne fut qu'en 1898 que le général Kitchener put réduire son successeur à Omdurman.

On le voit, malgré leur bienveillance pour l'Islam, les gouvernements coloniaux sont amenés par la force des choses à lui asséner de rudes coups. A chaque nouveau royaume Musulman qui se fonde et qui est détruit, les forces coloniales rétrécissent l'espace libre et le temps n'est pas éloigné où les Mahdis n'auront plus de terrain pour y semer le fanatisme.

MISSIONS PAR L'ÉCOLE ET PAR LE DERVICHE. — Malheureusement la mission musulmane a d'autres armes : la Confrérie des Senoussya, en particulier, restera redoutable alors même que son moyen favori, le Djehad, ne pourra plus s'exercer. Son centre est en Tripolitaine, à Djeraboub ; elle fait des razzias d'esclaves, les initie aux pratiques Coraniques, les imprègne des dogmes de la secte Ouahabite (Islam rigide) et les renvoie convertir leurs tribus.

Cette confrérie est peut-être la plus puissante parce qu'elle est la plus jeune (1855), mais la secte Ouahabite qui avait ravivé le zèle musulman en Arabie y périclite lentement depuis la mort de son fondateur : ici encore l'*homme* est beaucoup.

En tous cas *en Algérie*, les Khouans se préoccupent plus de danser toute la nuit, de deviner l'avenir et de se mortifier que de partir pour convertir les païens.

En Egypte de même, malgré les assertions de certains auteurs occidentaux, il y aurait peu de zèle missionnaire : « Je n'ai pas pu découvrir, dit M. Watson, après 46 ans de séjour, l'existence d'aucune société musulmane formée en Egypte dans le but spécial d'envoyer à l'intérieur de l'Afrique ou dans d'autres pays, des hommes pour propager l'Islam » (1).

En résumé la propagande musulmane se fait dans le centre de l'Afrique :

1° Par les fonctionnaires et les instituteurs au service des gouvernements européens ou païens ; 2° par l'établissement de royaumes guerriers ; 3° par de véritables missionnaires, tour à tour soldats, marchands, prêtres, devins

(1) *Mohamedan World*, « Islam in Egypt. »

ou médecins, dont le succès n'est dû qu'à la grossièreté du paganisme et qui proviennent de trois foyers principaux : le *Maroc*, la *Tripolitaine* et *Zanzibar*.

On le voit l'Islam missionnaire est puissant, complexe, fortement organisé ; mais si les gouvernements comprenaient leur propre intérêt comme le fait la Hollande, il serait relativement facile de le vaincre : que la France pacifie le Maroc, que l'Italie police jusque dans l'intérieur la Tripolitaine (qu'elle convoite), que la France et l'Angleterre se rejoignent au Soudan, et que l'on cesse de regarder l'Islam comme un moyen de gouvernement ; que d'autre part il y ait des missionnaires pour chaque fraction de peuple, selon le programme récent des hommes d'affaires chrétiens des Etats-Unis, et l'Islam réduit aux arguments persuasifs et à la concurrence sociale se montrera faible adversaire sur ce terrain supérieur (1).

---

(1) « La haine des païens envers les propagateurs de l'Islam est si grande, à cause des cruautés des années passées, que s'il y avait suffisamment de missionnaires chrétiens, la lutte n'aurait lieu qu'entre ces derniers et le paganisme (l'Islam se retirerait ou n'entrerait pas en ligne de compte). . . . .

« Un changement très significatif est survenu dans l'attitude des musulmans de l'Ouest africain (1906). Il est visible pour un observateur attentif : d'arrogants, ils sont devenus craintifs et obséquieux. La chute de la puissance Foulah est un des plus grands coups portés à l'Islam dans le monde, il est au moins égal à la reprise du Soudan égyptien sur le Mahdi. . .

« Le seul espoir est encore et toujours le Mahdi, qui naturellement est toujours en train de venir et ne vient jamais, ou s'il vient, est annihilé; mais entre temps un air d'attente effrayée et même une tendance à voir ce que le christianisme peut avoir à dire sur la fin du monde a

Chrétiens d'Europe et d'Amérique tout cela est en votre pouvoir : vous faites les lois comme vous fondez les sociétés de missions : levez-vous, l'Islam reculera. Je dis plus : il disparaîtra des pays mêmes où il règne depuis l'origine.

L'Islam missionnaire en Chine. — Il y a aussi, paraît-il, des missions musulmanes en Inde, en Chine et jusqu'en Angleterre et en France ! Heureusement nous laissons ici la tragédie pour la comédie.

En Chine les musulmans proviennent d'immigrations et loin de faire des prosélytes, ils ont été relégués aux extrémités de l'Empire, ils n'ont aucun zèle missionnaire et pas d'autre but que de s'enrichir ; ils ne se marient pas avec les Chinois mais adoptent fréquemment de leurs enfants ; ils sont regardés comme une des innombrables sociétés secrètes de l'Empire ; ils adorent les tablettes Impériales (culte des ancêtres) et inscrivent au fronton des mosquées : « que le Fils du Ciel puisse vivre dix mille ans », ce qui est une véritable abjuration aux yeux d'un vrai musulman.

Aussi en dépit de MM. Dabry de Thiersant et Montet (1) nous refusons de croire « qu'une

---

prévalu. Je crois que les temps sont venus pour une formidable propagande chez ce peuple dont l'esprit est brisé, mais qui reste orgueilleux. » Miller, « Islam in West Africa », étude lue à la première Conférence des Missionnaires auprès des Mahométans qui eut lieu au Caire en 1906.

(1) Cités par Alexis J. Paccard, *Expansion religieuse de l'Islamisme*, dans le *Semeur* de mai et juin 1907.

fois maîtresse d'elle-même et plus éclairée par son contact avec l'Occident » la **Chine** « adoptera de préférence l'Islamisme parmi toutes les religions qui se partagent ou cherchent à se partager l'Empire. » En effet, si nous savons que la Chine se précipite à la suite du Japon, et qu'avant peu, elle sera devenue « occidentale », nous savons aussi que c'est *uniquement* grâce à l'influence des peuples chrétiens : c'est sur le modèle des Universités de Paris, Londres, Berlin, New-York et non sur le modèle d'El-Azar (au Caire) ou de Karouidjin (à Fez) que se tranforment les antiques universités de l'Empire Céleste.

L'Islam plonge tous les peuples dans la léthargie, il leur donne pour idéal obligatoire les mœurs du temps de l'Hégire : comment pourrait-il donc concourir à lancer la Chine dans la civilisation moderne ?

Au contraire, on peut dire que dans son développement actuel, elle tourne définitivement le dos à Mahomet.

Grâce à Dieu, dans la révolution politique qui se dessine, il y a un profond et très considérable mouvement spécifiquement chrétien : alors que l'Islam reste stationnaire en Chine, chaque année on y constate des conversions au christianisme, spontanées, profondes, définitives et si nombreuses qu'elles inspirent ces mots au distingué professeur de Montauban, M. Henri Bois, dont on connaît la finesse critique :

« L'Orient est, en ce moment, accessible à « l'Evangile à un point dont nous n'avons pas « idée. Tellement que je me suis demandé plus

« d'une fois, en vibrant à l'unisson de l'enthou-
« siasme et de l'ardeur apostolique de ces
« orientaux, si le christianisme n'allait pas
« délaisser l'Occident pour trouver dans
« l'Orient son centre et son foyer. J'ai eu la
« sensation d'être à l'aube de quelque chose de
« très profond, de très grand, aux retentisse-
« ments incalculables, d'un apostolat aux pro-
« portions gigantesques ; de toute une revision
« orientale de cette religion orientale qu'est en
« somme le christianisme. »

Aux Indes, les missions musulmanes ne sont qu'un moyen de *défense* contre les victoires du christianisme : ainsi l'*Anjuman-i-Islam* (Société missionnaire musulmane) contrefait les méthodes chrétiennes par ses tournées de prédications, ses écoles, sa littérature abondante, et son œuvre des Zénana (enseignement des femmes dans les harems par des missionnaires femmes) (1).

Les musulmans font des prosélytes surtout au sein des peuplades arriérées du Sud-Ouest, et ces conquêtes n'ont pas une très grande portée ; il suffit de considérer les chiffres du der-

---

(1) Cependant les Musulmans gardent aussi les vieilles méthodes : en 1902, la « Société amicale en faveur des Nouveaux-Musulmans » donne la « bonne nouvelle » que si le lecteur se convertit elle entreprendra son éducation et lui fournira sa nourriture et les autres nécessités de la vie. » (Docteur Whorry, dans le *Mohamedan World of to day*.)

Les *Moples*, musulmans fanatiques du Sud, forcent leurs voisins Hindous plus riches à manger avec eux : leur caste est ainsi brisée, ils en sont chassés et les Musulmans les recueillent. (Ed. Goldsmith, id.)

nier recensement pendant la dernière décade pour s'en rendre compte (2).

En Angleterre : Vers 1890 la rumeur courut dans le Nord de l'Inde que l'Islam était en train de convertir... l'Angleterre elle-même et qu'un quidam nommé *Quilliam* avait obtenu des centaines de conversions, entre autres celle d'un évêque anglican (1).

Une enquête menée par M. Clark, docteur en médecine et journaliste-missionnaire, prouva qu'il y avait en effet dans un quartier pauvre de Liverpool une sorte de mosquée. Mais quelle mosquée et quel Islam ! Qu'on imagine une petite salle Mac-all, meublée d'une cinquantaine de chaises, d'une estrade et... d'un harmonium. Deux Corans en anglais (blasphème ! sont sur la table, un Coran en Arabe est aux pieds du prêtre (profanation !) Les chants sont empruntés aux recueils de cantiques protestants avec quelques modifications. La liturgie est « entrelardée », selon le mot de M. Clark, de passages du Coran et du « Prayer Book » ou de la Confession des péchés. Le nombre des adhérents est de 28, la moyenne des auditeurs de 5, les femmes s'asseoient avec les hommes, sans voile, et non seulement ces pauvres gens igno-

---

(2) Augmentation générale par la natalité. 7 à 8 0/0
— des Musulmans 9,1 0/0
— des Chrétiens 19 0/0
(En 30 ans, les Chrétiens ont doublé : 99 0/0 d'augmentation).

(1) En *France* aussi, nous sommes menacés ! C'est du moins ce qu'annonce bruyamment le *Progrès de Lyon* en donnant un portrait du nouvel apôtre : *M. Gervais-Courtellemont* (26 mars 1908).

rent tout de l'Islam, mais leur « chiekh » lui-même est hérétique sur tous les points : il subtilise le Ramadan, repousse le Djehad et méprise les Hadits (sentences de Mahomet).

C'est une simple farce, conclut M. Clark, et dans le Penjab, les Musulmans confus tournèrent en ridicule le « Quillianisme », mais il y a huit ans cette rumeur renaissait au Bengale et les missionnaires durent la combattre par une controverse fort curieuse (1), qui montre combien l'Islam doit se sentir gêné aux Indes pour saisir avidement l'encouragement de telles impostures.

Conclusion. — Tandis que l'Islam décroît dans ses vieilles provinces, et qu'il n'augmente guère que par la natalité aux Indes, en Chine et en Malaisie, il faut reconnaître qu'il est aussi conquérant que jamais dans l'Afrique Centrale. Le fait même d'avoir réduit son action à ses justes limites, nous montre combien elle est redoutable : redoutable pour les missions en faveur des païens, redoutable pour les missions en faveur des musulmans eux-mêmes, qu'elle risque de décourager.

Cependant nous avons constaté qu'une politique coloniale avisée a toujours vaincu la propagande musulmane sur le terrain politique, et nous sommes convaincu qu'une énergique

(1) *Moslem in Liverpool*, articles de MM. les médecins missionnaires Clark, Weil et Monro dans l'*Indian-Evangelical Review* et l'*Epiphany* répondant à des articles musulmans de l'*Islam Pracharark*, 1.901. Tirage à part en trois brochures.

action missionnaire en triomphera sur le terrain religieux et moral.

Mais il faut *envisager le problème dans son ensemble*, ne pas séparer, dans notre amour, les Musulmans des Païens, et attaquer l'Islam, avec des hommes et des méthodes spéciales, par devant et par derrière, dans ses avant-postes et dans ses forteresses, c'est-à-dire, pour nous, chrétiens de France, au Sénégal et en Algérie, tout à la fois.

CHAPITRE V

Quatre ennemis de l'Islam

Ce que nous avons dit au sujet de la *morale de l'Islam* suffit à caractériser l'état social et religieux de l'immense majorité des musulmans d'aujourd'hui ; le musulman est toujours le même, il ne change pas plus dans l'espace que dans le temps. « La langue arabe a peu évolué depuis l'Hégire, la religion arabe encore moins ». Partout c'est la même foi : cléricale chez les marabouts et les prêtres, mystique chez les Khouans et les nègres en général (2), formaliste et faite de coutumes chez les Kabyles, philosophique et poétique chez les Persans, elle est chez tous, fataliste et fanatique.

Je ne veux pas dire par « fanatique » qu'à chaque occasion la violence sera employée, mais qu'un vrai Musulman ne peut faire autrement que de haïr l'Infidèle par exclusivisme religieux et par ambition politique.

Vis-à-vis de ces musulmans-là notre situation

(2) « Au coucher du soleil, toute l'Afrique danse : l'Afrique islamique comme la païenne danse et toujours sous prétexte de s'anéantir en Dieu ». FORGET, op. cit.

est claire : il faut censurer leurs vices, combattre leurs erreurs, panser leurs plaies et les guider vers le Soleil de justice.

Mais il existe une minorité de musulmans, enfants terribles de l'Islam, qui prennent toutes les positions imaginables dans les grands problèmes qu'agite le vingtième siècle.

C'est bien là la partie la plus délicate de notre étude ; penché comme les sorcières de Macbeth au-dessus du chaudron où bouillent les ingrédients les plus étranges, entre autres :

« Nez de Turc, Lèvres de Tartare »,

nous essaierons de discerner la vérité sans nous flatter d'y parvenir toujours.

L'Islam a été de tout temps sapé en quelque mesure par deux forces qui sont loin de décroître aujourd'hui : le *Paganisme* et les *Sectes* ; et voici que deux adversaires nouveaux et formidables, accourent de l'autre bord de l'horizon et le prennent ainsi entre deux feux : la *Civilisation* et la *Mission chrétienne*.

Décrire cette quadruple attaque et les compromis qui en résultent, c'est pénétrer au cœur même de la pensée musulmane au XXe siècle — chez *cette minorité qui seule pense, en vérité*, au sein de l'Islam.

Le Paganisme. — Chose curieuse, le vieux *paganisme n'est pas mort* et dans toute l'étendue du monde musulman *il lutte encore. Dans* le Béloutchistan, l'Islam n'a pu supprimer les *ordalies (épreuve des accusés par le feu) ; et* en Arabie, on apporte de la nourriture sur les tombes des prêtres musulmans : or ces prêtres, d'après le Coran, ont des biens en abondance et de toute nature « dans les jardins où coulent les fleuves ». Leurs propres familles cependant persistent à croire aux âmes errantes et affamées.

Plus près de nous, en Kabylie, le prêtre d'un village qui vient souvent parler de l'Evangile avec nous, s'attardait, il y a quelques jours.

— Arriveras-tu à temps pour appeler à la prière du soir, lui dîmes-nous ?

— Je n'officie plus, je me suis retiré d'eux.

— Comment ? mais qui te remplace ?

— Personne !

— Personne ne préside à la prière ? fis-je, stupéfait.

— Non, ce sont des païens ; ils adorent les rochers au lieu d'adorer Allah et ils les supplient ainsi : « O Esprits qui êtes dans ces pierres, éloignez-vous de nous ».

On voit partout en Algérie des restes d'Animisme : arbres fétiches, sources et bois sacrés, mais d'habitude, avec son génie d'accommodation presque sans limite, l'Islam adopte tout cela, le baptisant seulement de noms arabes ; ici, nous avons constaté l'Islam le plus autorisé en lutte avec le paganisme — et vaincu.

Les Sectes. — Dans notre Eglise protestante, les sectes paraissent non seulement naturelles *mais nécessaires : ce sont souvent ces foyers* un peu étroits mais chauds et vivants qui entre*tiennent le feu sacré et qui préparent les ré*formes et les réveils ; dans le système de Mahomet *il n'en est pas de même* : « Des soixante-treize sectes qui se développeront après ma mort, annonça-t-il, une seule procurera le Paradis : la mienne et celle de mes amis ».

En réalité la plupart des sectes musulmanes d'autrefois ou d'aujourd'hui sont une *réaction* contre les principes fondamentaux de l'Islam, une protestation du cœur humain, une tentative de satisfaire aux besoins de l'âme que Mahomet laisse inassouvis. Elles se caractérisent en gros par ces deux notions qui sont la contre-partie même de la doctrine du Prophète : *espérance dans le Madhi* (1) qui gouvernera le monde de lui-même, et *qui abrogera le Coran*, et attente d'une *incarnation de Dieu*.

Par elles-mêmes ces sectes n'apportent aucun progrès aux peuples musulmans, mais n'est-il pas admirable de rencontrer au sein de la religion la plus contraire au christianisme le besoin d'un Sauveur et l'instinct qu'il faut que Dieu lui-même descende sur la terre pour en opérer le salut ?

Quelle pierre d'attente pour la prédication des missionnaires et quelle preuve du besoin qu'a toute âme d'homme d'un Sauveur *divin !*

La Civilisation, malgré les sympathies pour l'Islam de certaines politiques coloniales, est un dissolvant qui commence à agir profondément sur la religion des musulmans.

Elle fait commettre aux indigènes d'Algérie le péché par excellence, le contraire du *Djehad:* la guerre entre Fidèles sous les ordres des Infidèles !

---

(1) Le *Mahdi* ressemble d'une manière frappante au *Messie*, tel que l'attendaient les Pharisiens du temps de Jésus.

Les Tirailleurs au service de la France et les Riffains au service de l'Espagne se sont mutuellement reproché cette inconséquence, dans une bagarre à Casablanca. — Mais ils obéissent pourtant, et ils se *convertissent* politiquement.

De retour dans leurs foyers, certains, comme un colonel, bien connu de ce côté-ci de la Méditerranée, se mettent à observer strictement les rites pour se faire pardonner ; mais d'autres — nombreux, surtout parmi les jeunes — reviennent incrédules, violent le Ramadan, et pour un bon nombre s'adonnent, hélas ! à l'alcoolisme. Nous avons entendu dire aussi à des mineurs Kabyles, *dans leur propre mosquée*, qu'il n'y a point de Dieu.

Ailleurs on trouve une influence plus pure de la Civilisation : des fonctionnaires intelligents, en Algérie et en Tunisie, estiment nos « philosophes ». L'un d'eux, retourné dans son village natal y porte glorieusement le surnom de « Voltaire » et se plaît à attaquer les marabouts sous l'auvent des mosquées :

— « Je suis, nous dit-il en bon français, pour la fraternité universelle, et je leur répète que l'on ne doit pas s'égorger pour des opinions théologiques ».

Nous fûmes fort surpris, mais nous le félicitâmes. Sa bibliothèque est composée des auteurs suivants : Homère, Bossuet, Voltaire et Chateaubriand !

Les écoles et les tribunaux sapent aussi l'Islam. Dans les écoles franco-arabes, la première partie du programme a plus de succès que la deuxième ; les professeurs arabes sont eux-mêmes un peu hérétiques souvent.

Nous venons de lire une lettre adressée à son ami par un jeune instituteur indigène : « Quel bonheur, s'écrie-t-il, que soit fini ce satané Ramadan que j'envoie à tous les diables ! ».

Qu'on excuse ces termes, ils s'opposent trop bien à l'idée coranique du Ramadan pour que nous nous résolvions à les effacer.

Quant à nos tribunaux algériens, ils s'efforcent — et nous les en félicitons hautement — de juger de plus en plus dans l'esprit des lois républicaines, et par là ils exercent, en dépit du Droit musulman, une action morale sur les indigènes.

Sous cette multiple influence de l'armée, de l'industrie, des écoles et des tribunaux, les conceptions occidentales ont ainsi supplanté l'Islam en quelque mesure, en Algérie, en Tunisie et ailleurs.

CHAPITRE VI

La Révolution Turque
(Compromis islamo-chrétien)

Mais la civilisation vient de remporter une victoire éclatante dont il est temps de parler : elle vient de renverser la théocratie musulmane en Turquie pour lui substituer un gouvernement démocratique, et elle a enfin brisé la censure impitoyable qui barrait l'accès de l'Empire Ottoman à tout écrit libéral. Si le Sultan ne prépare pas en secret sa revanche, l'année 1908 sera pour Constantinople la plus importante depuis 1453, depuis le jour néfaste où la capitale de l'Empire d'Orient tomba aux mains des Turcs.

A vrai dire, ce coup de théâtre n'est que le couronnement d'une série de victoires : l'administration turque, son armée, ses écoles, ses hôpitaux, étaient calqués sur les institutions chrétiennes. Il y manquait l'*esprit* des nations chrétiennes, l'esprit de la Réforme et de la Révolution. Il vient de se montrer dans les rues de Constantinople où Turcs, Chrétiens et Juifs s'embrassaient au chant de la *Marseillaise*, et au cri de : « Liberté de conscience, égalité de tout culte et de toute race ! ».

Espérons qu'il ne s'évaporera pas lorsque chacun se retrouvera en face de ses intérêts particuliers, espérons que la cupidité et l'anarchie de la morale musulmane cesseront d'animer les fonctionnaires. Hélas ! le vieil esprit est formidable encore !

Mais que l'on ne prétende pas que cette révolution est « une renaissance de l'Islam », on ne saurait rien écrire de plus inexact. Quelles en sont les grandes causes ?

Tout d'abord l'antagonisme profond entre la race turque et la race arabe, ensuite la tyrannie du Sultan qui amena l'élite à vivre et à s'éclairer dans nos capitales, en troisième lieu l'influence des gouvernements européens (de la France notamment), qui introduisirent plus d'une réforme politique (la constitution de 1876 entre autres) ; ensuite les travaux des missions catholiques (françaises) et protestantes (anglaises et américaines) dans le domaine scolaire et médical, qui eurent ce résultat indirect : la création depuis plusieurs années par le gouvernement ottoman d'écoles et d'hôpitaux destinés surtout à contrebalancer leur influence (1). Enfin, la population chrétienne qui forme un sixième de l'ensemble, n'a pas été un frêle appui pour la Révolution.

Cependant les Jeunes-Turcs comptent bien

(1) Le nombre des illettrés est rapidement tombé de 90 % à 40 % pour les hommes, de 98 % à 60 % pour les femmes, dans les villes. Les méthodes scolaires sont occidentales : on enseigne le turc, le persan, l'arabe et le français.

rester musulmans par un compromis entre leur amour pour la religion de leur enfance et leur amour pour la civilisation libératrice. Nous avons le bonheur de posséder un type remarquable de cette mentalité en la personne de M. Ubeyd-Oullah, de Constantinople, professeur de « psychologie de l'Islam » dans un institut « psycho-physiologique » de Paris (1).

M. Ubeyd-Oullah vient de fonder, avec l'aide d'autres professeurs de cet institut, la « Société française d'études islamiques » qui groupe des Musulmans et des Européens, « sans distinctions de sexe, de race, ni de religion ». Au banquet qui suivit la première séance, prenaient part deux dames, professeurs dans nos grands lycées de jeunes filles de Paris.

Voici l'article 1er des statuts :

« La société a son siège à Paris. Elle a pour but l'étude des principes et des éléments de la civilisation musulmane, émanés des principes religieux, philosophiques, législatifs, du Coran et de la Tradition ; l'étude des conditions de la vie des musulmans. Elle recherche et propose les solutions par lesquelles l'Islam se mettra en accord avec l'Occident et par lesquelles *il coopérera* à la Civilisation générale ».

Si nous comprenons bien, il s'agit de faire *étudier* l'Islam par les Français, de *réhabiliter* l'Islam (l'Islam pris en bloc), ensuite « de *fondre* les affinités affectives (?) des deux civilisations »; enfin, d'*attirer* à un Islam modern-style, profondément orthodoxe au point de vue reli-

(1) *L'Islam*, revue mensuelle, 1er n°, septembre 1908, Paris.

gieux, et profondément hérétique dans ses aspirations sociales.

Voici le discours que M. Ubeyd-Oullah prononça dans l'assemblée constitutive de la société :

...« Les musulmans ont le cœur brisé de l'attitude offensante de la presse occidentale qui n'a pas cessé d'attaquer injustement, depuis quelques années l'Islam et les musulmans, mais ils ne désespèrent pas encore de voir une voix encourageante et consolante monter de l'Occident. Cette voix leur plairait moins si elle ne venait pas de la France, parce que le peuple français fut dans la civilisation et la science moderne, le premier instructeur et le premier éducateur du peuple turc qui depuis cinq siècles préside encore le monde musulman ; par suite *les musulmans se considèrent comme élèves de la nation française* et ainsi tout ce qui viendra de favorable de la France sera le bienvenu dans le monde musulman.

« Je suis donc convaincu que lorsque les musulmans apprendront la fondation de cette société française, ils seront en grande joie et ils recevront cette nouvelle avec un grand enthousiasme...

« La mutuelle connaissance de l'Orient et de l'Occident, et leur rapprochement ne se feront pas par l'intermédiaire des politiciens,... ils se feront plutôt par les hommes de science et de raison; c'est pourquoi notre société n'a voulu appartenir à aucun parti politique et a pris comme devise : *Le salut est dans la science et non dans l'étendard* ».

C'est l'orateur qui souligne le dernier passage, c'est nous qui soulignons le premier. Méditons-les tous deux :

M. Ubeyd-Oullah nous fait un peu beaucoup d'honneur en disant que les musulmans se regardent comme les élèves de la nation française, car il va sans dire qu'il parle au point de vue social et qu'au point de vue religieux il n'accepte rien de la France.

Pour lui, l'*Islam* est un tout indivisible qui comprend ensemble les mœurs et la religion musulmanes, il le montre en plusieurs endroits, mais il divise au contraire le *Christianisme* en deux, acceptant sa civilisation et rejetant sa religion.

C'est là une profonde injustice et une erreur qui fausse tout le mouvement de la « Société d'études islamiques ».

S'il pense que la civilisation musulmane résulte de la religion musulmane, il doit admettre que la civilisation chrétienne résulte de la religion chrétienne ; il devrait donc chercher, dans ce Pentateuque et cet Evangile dont l'Islam reconnaît, en théorie, l'inspiration divine, la source où boit, depuis vingt siècles, la civilisation chrétienne.

Hélas ! ce n'est pas M. Ubeyd-Oullah qui est le plus responsable de ce manque de logique. Ce sont ses amis français, professeurs comme lui dans cet institut psychologique où deux chaires sont réservées à la psychologie de l'Islam, parce que c'est lointain et sans portée morale, mais qui ne s'occupent en aucune manière de la psychologie du Christianisme. Ils le renient, les ingrats ! sans se douter que la méthode rigoureuse de leur science, aussi bien que la douceur et le confort de leur vie de savants, ils les doivent à la pénétration progressive des peuples européens par l'esprit du Christ (1).

---

(1) Il est de mode de nier l'action sociale du christianisme et de se moquer des faits les plus frappants à cet égard : ivrognes devenus sobres, débauchés devenus philanthropes, anarchistes devenus prédicateurs de paix. Cependant chacune des grandes réformes sociales a été le produit d'un réveil du christianisme, et on ne le proclamera jamais assez. Aux premiers siècles, le christianisme fonda la *famille*, en faisant du mariage un sacrement et une alliance inviolable jusqu'à la mort.

Au temps de Charlemagne, les moines colons instruisent les barbares du Nord, le christianisme seul survit de l'Empire Romain, mais à lui seul il suffit à ressusciter la *pax romana*.

Au début du Moyen-Age, la *charité* apparait comme le devoir social par excellence : on pose en principe qu'il ne doit plus y avoir de vieillard ou même de pestiféré privé de secours. Contre les guerres féodales, le christianisme dresse la trêve de Dieu et l'institution de la Chevalerie.

Au seizième siècle, éclate la plus féconde des réformes de l'Eglise, et le niveau social s'élève en même temps de cent coudées. On ne bâtit plus de cathédrales, parce que le culte de famille devient le vrai fondement de l'église réformée ; mais, en revanche, la maison du bourgeois s'exhausse de moitié. Chacun peut l'observer dans les vieilles rues d'Anduze, par exemple, où alternent les petites ogives gothiques avec les larges linteaux droits de la Renaissance.

Enfin s'épanouit le réveil du « non-conformisme » anglo-saxon auquel répond un essor économique incomparable. Un professeur d'histoire en Sorbonne, M. Elie Halévy, de religion israélite, fut frappé, en étudiant l'histoire d'Angleterre, du contraste qui existe entre l'Angleterre médiocre du dix-septième siècle et l'Angleterre prospère, libérale et puissante du dix-neuvième, où l'étranger n'aperçoit, en guise de palais, que des églises, des hôpitaux, des orphelinats et des collèges. Il chercha, en vrai savant critique, la cause d'une telle transformation et il la trouva dans ce réveil dont Wesley fut le plus fécond artisan. (Lire dans la *Revue de Paris* du

Mais il est temps de passer à la devise de la Société Française d'Etudes Islamiques :

« *Le salut est dans la science et non dans l'étendard* » ; elle est d'autant plus admirable, qu'elle est le contrepied voulu de toute la tactique musulmane jusqu'à ce jour ; il se peut que ce mot d'ordre se réalise et que l'Islam voyant son cimeterre brisé cherche à se restaurer lui-même au moyen de la science, par un compromis analogue à celui des modernistes catholiques. Nous félicitons vivement les Jeunes-Turcs d'abandonner ainsi ce qu'il y a de plus faux et de plus immoral dans l'Islam : l'égorgement au nom de Dieu.

Mais tôt ou tard nos modernistes orientaux s'apercevront que les abstractions de la science ou même les ingéniosités de la civilisation ne sont des puissances de salut ni pour les dogmes musulmans, ni même pour la société musulmane elle-même. La preuve n'est pas longue à chercher : nous la trouvons dans cette même livraison de la revue « l'Islam » et sous la plume de ce même M. Ubeyd-Oullah, dans une touchante protestation contre l'*égoïsme des savants, complices des entreprises coloniales*, il leur demande :

« Puisque vous êtes parmi eux, pourquoi la

1er août 1906 : *La naissance du méthodisme en Angleterre*, par Elie Halévy).

De même les plus admirables principes de la Révolution française découlent logiquement de la Réforme. (Voir Edmond de Pressensé : *Conférences sur le Christianisme*). Au milieu des cris des politiciens athées, nous sommes heureux de voir que Jaurès, en ce moment même, ne trouve pas de meilleur argument en faveur de la suppression de la peine de mort que la notion chrétienne de la chute et du péché universel.

passion et les intrigues des politiciens et l'ambition avide des opulents sont-elles le souverain tyran du Monde ? » O Occident sage !

« Jusqu'à quand resteras-tu dans cette confusion à la fois indifférent et insensible ?... alors que tu as dans ta main la force de calmer cette tempête et de mettre de l'ordre dans ce chaos ? ».

Hélas non ! la science n'a pas de force contre l'égoïsme, et c'est bien pour cela, que malgré ses lumières, notre société moderne est aussi oppressive que jamais !

Cette protestation des musulmans nourris de notre culture occidentale, est la déclaration de faillite, non pas de la *Science*, mais de cette prétendue science qui nie les faits chrétiens de l'histoire et de l'âme.

Un autre discours du professeur Ubeyd-Oullah nous révèle mieux encore la mentalité des « Jeunes-Turcs », l'auteur s'excuse de parler peu de la vie et de la personne de Mahomet et il exprime ainsi son embarras sur ce sujet : « Cela mérite une étude approfondie, *sans quoi rien ne s'éclaircirait, ni de ses visées, ni de son libéralisme*, ni de ses justes conceptions. Cependant toutes mes paroles célébreront Mahomet ». Autrement dit : j'aurais à faire un travail de détours et d'interprétations pour rendre la face de Mahomet présentable au monde moderne, il sera plus facile de le glorifier sans explications.

En effet, malgré son titre de professeur de psychologie, nous trouvons chez M. Ubeyd-Oullah un amour tout intuitif pour l'Islam :

il le professe en bloc, et sans le scruter ; il annonce une série de conférences « sur les phénomènes combinés par la Providence pour rendre Mahomet si célèbre », mais dans son premier cours il n'explique rien, il ne compare rien, il ne prouve rien et se contente de *répéter* devant des intellectuels français les récits puérils que lui enseigna le cheikh, lorsqu'il mémorisait à haute voix en même temps que ses petits camarades sous le porche de la mosquée.

M. Ubeyd-Oullah, en un mot, a gardé l'empreinte de l'Islam, non seulement dans ses conceptions religieuses, mais aussi dans sa manière de penser : il n'a pas le tempérament critique.

D'autre part, il a un amour sincère et franc pour la civilisation dont le type glorieux est pour lui la Révolution française.

Comment concilie-t-il des tendances si manifestement opposées ?

Tout d'abord en « *abstrayant* » de l'Islam ce qui ne lui plaît pas et en disant que sur ces points, le peuple trahit la Tradition, que la Tradition trahit Mahomet, ou même que Mahomet aurait pu se tromper, car il ne se donne pas pour infaillible ».

Ensuite, en usant de cette si commode *méthode allégorique* : le Coran, par exemple, n'est plus « écrit dès avant la fondation du Monde sur une table au septième ciel », il est « dessiné sur le tableau de l'Univers » et par cette vague image, M. Ubeyd-Oullah trahit la métaphysique pour la Nature, il subtilise le dogme.

Il *interprète* enfin le Coran et la Tradition par une exégèse fantaisiste.

Son ami, M. Soubhi-Bey (1), docteur en droit de la Faculté de Constantinople, tire d'une tradition contestée au sujet du successeur de Mahomet : « que l'Islam n'est pas seulement favorable à une monarchie constitutionnelle mais encore à une république » ; et M. Ubeyd-Oullah renchérit : « Par conséquent, aucune autre forme de gouvernement ne sera conforme à ses préceptes que la République... Or ce que j'applaudissais, c'est que je trouve le Français plus proche à l'Islam que le musulman de notre époque ». Plus loin il émet cet apophtegme : que la Séparation des Eglises et de l'Etat est conforme à la libre pensée du Prophète ! (page 19 de l' « Islam »).

Cette méthode historique se passe de commentaires.

Grâce à un grain de rationalisme et à beaucoup de panthéisme ajoutés à cette métamorphose des dogmes, on pourrait supposer que le « nouvel Islam » futur constitue un compromis stable, destiné à prendre place entre le judaïsme et la théosophie dans la société moderne, mais il a contre lui d'être basé sur une *équivoque* (la civilisation regardée comme émanant de l'Islam et non du Christianisme) et d'être essentiellement *aristocratique* ; M. Ubeyd-Oullah le reconnaît en prenant dans le sens négatif ce mot des *Hadits* : « Ceux qui savent et ceux qui ignorent sont-ils égaux ? ».

Jamais le peuple qui croit tout ou qui juge

---

(1) *L'Islam*, revue citée.

UNE POTERIE KABYLE :

Comme *tour* un simple disque de plâtre, comme *four* quelques branches de [illegible] au premier plan

tout, tour à tour, ne gardera l'équilibre savant de ces interprétations, et la Turquie deviendra *peu à peu* chrétienne, ou bien elle retournera à l'Islam séculaire et à l'anarchie.

Lorsque M. Firmin Verdier réclame, dans un discours à la même Société, que la France donne une liberté absolue aux Indigènes de l'Algérie et de la Tunisie et qu'elle soutienne en Egypte la cause de l'Indépendance, nous ne saurions aucunement partager son point de vue, nous savons trop bien que si la France et l'Angleterre arrêtaient leur action, la voix des « réformateurs d'Islam », loin d'entraîner les masses, serait vite étouffée dans le sang, au nom du *véritable* Islam ; et *qu'en moins d'une génération toute trace de civilisation aurait disparu* : les ruines romaines et byzantines, dont l'Algérie est jonchée, nous suffisent à en augurer.

Pourquoi ? Parce que ce prétendu Islam scientifique n'est pas un fruit de l'Islam, mais l'importation d'une religion toute différente ; d'une religion féconde parce qu'au lieu de s'abaisser au niveau de la nature corrompue, elle proteste contre l'état actuel de l'homme et le régénère.

Pour voir les véritables fruits de la civilisation musulmane il faut se rappeler les documents de nos deux premiers chapitres, ou bien observer le chaos Perse et l'insurrection réactionnaire des Arabes contre la Turquie démocratique, en ce moment même.

Les modernistes d'Orient se sont aperçus que le burnous de Mahomet tombait en loques, ils ont coupé le bas de ce vêtement et cherchent à y coudre les pans de la redingote européenne. Médiocre assemblage ! Ah ! plutôt que de coudre le morceau neuf au vieil habit, combien ces hommes aux nobles aspirations se trouveraient mieux de prendre l'habit neuf tout entier ; non pas la redingote, nous n'y tenons pas, elle est sombre et étriquée, mais quelque chose d'encore plus nouveau et de spécifique, fondé, comme les diverses églises vraiment évangéliques, sur la nouvelle naissance, c'est-à-dire sur une conversion morale radicale en tout homme.

Chrétiens, vous avez vu l'admiration des « Jeunes-Turcs » pour notre civilisation, ne voudrez-vous pas leur apporter aussi notre religion, qui en est la cause et le ressort constant ?

Ces hommes ont besoin d'adoration, de contemplation, et puisque jusqu'ici nous ne leur avons rien apporté dans ce sens, ils ont bien raison de garder leur culte où luit un peu de vrai parmi beaucoup de faux, plutôt que de se jeter dans le néant du matérialisme.

Ils sont dignes de sympathie, et d'estime, car ils cherchent sincèrement la vérité... Qui se lèvera pour la leur apporter tout entière ?

CHAPITRE VII

Autres compromis islamo-chrétiens

La Tripolitaine formant une province de l'empire turc, la Constitution y a été proclamée et voici le récit que nous en donne le missionnaire W. Reid, de Tripoli :

« Je faisais des visites hors de la ville quand la rumeur courut qu'un grand événement était arrivé à Constantinople, et que les Jeunes-Turcs exilés ici pourraient retourner chez eux. Je rentrai en courant et, en passant devant le Souk-et-Turc, je vis une petite affiche : c'était un télégramme en arabe et en turc proclamant la Constitution. Je n'en croyais pas mes yeux et fus tout ému et ravi à la pensée que c'était là, peut-être, le commencement de l'exaucement à des prières, que nous adressions à Dieu depuis des années pour un gouvernement meilleur, et pour la liberté de conscience.

« Les indigènes instruits se réjouirent de cette nouvelle, mais les Jeunes-Turcs sautèrent et pleurèrent de joie. La plupart des gens, cependant, ignoraient ce que cela pouvait signifier pour eux, et certains demandèrent à des Jeunes-Turcs de le leur expliquer ; l'un d'eux répondit : « Hier le sultan était notre maître ab- « solu, aujourd'hui, il est notre père », un autre exprima ainsi son interprétation : « Hier « on nous traitait comme des chiens, à l'avenir « on nous traitera en hommes ».

« Malgré cela, beaucoup estimèrent ou espérèrent que cela signifiait un retour à la *Chrâ*. Pour eux tous les vices de l'administration provenaient des « canons » ou lois qui régissaient l'empire depuis quelques années, et le seul changement qu'il pussent concevoir était le retour à la Chrâ. La Chrâ, c'est l'ancien code islamique fondé sur le Coran et la Tradition. Son grand principe est : « Œil pour œil, dent pour dent », pris à la lettre. Dieu merci, le changement actuel n'est pas un retour à un système aussi barbare.

« Le soir du même jour, les chefs du parti Jeune-Turc en exil, se réunirent dans une école et rédigèrent une adresse qu'ils allèrent lire, suivis d'une petite foule, à Rejeb-pacha, le gouverneur habile et éclairé de la Tripolitaine ; il leur répondit : « Hier vous étiez enfermés dans « des sacs et jetés dans le Bosphore, aujour- « d'hui l'empire tout entier regarde à vous « pour son salut ».

Un cortège se forma, qui se rendit devant les principaux consulats, acclamant les nations occidentales *en français* et ajoutant dans la même langue : « Vive la liberté, vive la Constitution ». La foule comptait alors plusieurs milliers de gens qui s'en allèrent au Cercle Militaire, chantant des chants patriotiques et se livrant à une grande joie. Un Jeune-Turc riche et connu comme le plus élégant de la ville, pleurait devant tous : et comme on lui en demandait la cause : « Mon père, répondit-il, est « mort pour la cause de la liberté, ma mère gît, « aux portes de la mort, depuis des mois, à « cause de mon père et de moi. J'ai enduré le « cachot et tous les tourments, et maintenant « enfin, la liberté est venue et je puis retour- « ner vers ma mère ! C'est de joie que je « pleure ».

« Il est digne de remarque que le mouvement Jeune-Turc n'est en aucune manière un mouvement religieux (islamique).

« Un grand nombre de ses conducteurs ont jeté la religion par-dessus bord. Ils ne croient plus à une révélation, et par suite aux prophètes. Ils croient au Coran seulement quand ils y trouvent un passage qui les aide à persuader des musulmans plus religieux. *Chez la plupart la raison a pris la place de la révélation*, et; chez beaucoup de ceux que j'ai rencontrés, Stuart Mill tient la place de Mahomet. — La plupart sont des gens fort instruits et capables.

« Je suis plein d'espoir pour les missions chrétiennes parmi les Turcs dans un avenir prochain. Quant aux autres races de l'empire, elles resteront probablement longtemps encore fanatiques » (1).

Dans ce document nous trouvons la population arabe ou berbère de la Tripolitaine peu capable de comprendre la Constitution et dési-

(1) *North Africa*, Londres, revue mensuelle, octobre 1908.

reuse de retourner aux coutumes moyenâgeuses de l'Islam intégral. Cette attitude offre un contraste saisissant avec celle des Jeunes-Turcs exilés et des quelques Tripolitains éduqués à leur école. Un abîme les sépare.

En Egypte, il semble que les jours des Pharaons soient revenus ; grâce au contrôle anglais le pays jouit d'une prospérité extraordinaire, partout les villes semblent composées de palais, les travaux d'art fécondent l'agriculture, multiplient le commerce, et le peuple, en même temps, s'éduque. « On est surpris, dit M. Andrew Watson (2), de voir combien de journaux quotidiens, hebdomadaires ou mensuels ont été lancés dans ces dernières années, et leur augmentation a été peut-être aussi grande chez les Musulmans que chez les Chrétiens ». Le niveau des journaux chrétiens est cependant plus élevé, certaines de leurs revues historiques et scientifiques ; tels le *Muktatif*, le *Hilal*, le *Mohit*, sont de qualité remarquable. Les musulmans n'ont pas de revues de ce genre, cela provient de leur système d'éducation qui développe la mémoire et non la puissance intellectuelle.

« La célèbre université d'El Azhar (au Caire) retarde beaucoup sur les autres établissements d'instruction, le dernier Mufti (recteur) chercha à la réformer, mais il ne put vaincre la jalousie et la tradition ».

Cependant le fait même de voir un Grand Mufti libéral est remarquable. Cet homme mé-

(2) *Mohammedan World*, op. cit.

prisait les accumulations de la tradition musulmane. Il travailla avec d'autres personnalités à la création d'écoles de tout rang pour répandre l'instruction occidentale, enfin il réussit à changer en collaboration assez amicale, l'hostilité du « Parlement consultatif » envers la Grande-Bretagne.

L'Egypte se convertit ainsi sensiblement à la Civilisation, mais le Christianisme lui apparaissant sous la forme du joug étranger, elle s'attache à l'Islam religieux comme à la puissance qui lui rendra la liberté. Son compromis est donc moins riche en éléments chrétiens que celui de la Turquie, où l'Europe apparaît comme libératrice.

La morale égyptienne, en particulier reste bien musulmane, c'est-à-dire fanatique et sensuelle. Nous avons déjà vu un exemple d'intolérance religieuse (au Chapitre III « Situation politique); en voici un autre qui date de quelques semaines à peine : un missionnaire protestant anglais, à Chebin-el-Kom, vient d'être avisé, par le gouverneur de la province, qu'il était interdit à son propriétaire de renouveler le bail ; et la ville est si fanatique et si prospère en même temps, que le missionnaire, certain de ne pas trouver une seule maison à louer, s'est décidé à bâtir, à l'abri des lois anglaises sur la propriété.

Les divorces sont toujours extrêmement fréquents, chaque homme changeant maintes fois de femme : la polygamie n'est point rare : la réclusion des femmes est générale. Un fort parti anti-anglais en même temps qu'anti-missionnaire, tend à reconstituer la société musulmane classique.

Ce qui est désirable ici, c'est une politique ferme de la part des Anglais, car les Egyptiens sont loin d'avoir l'éducation des Turcs et tout relâchement du contrôle britannique causerait une recrudescence de fanatisme et un mouvement réactionnaire ; il est donc à souhaiter que la Grande-Bretagne, qui refuse encore le « Home Rule à l'Irlande, parce que ce serait « la livrer au gouvernement des curés », n'accorde pas de sitôt à l'Egypte une autonomie qui signifierait tyrannie des chefs religieux ou autres, vénalité des magistrats, apathie des fonctionnaires, et anarchie générale.

Ce n'est pas la politique fédéraliste suivie au Canada, ou en Australie, qui est applicable aux possessions du Khédive, mais la politique d'influence progressive suivie par l'Angleterre avec un succès si grand dans l'empire des Indes.

Aux Indes, après leurs longs siècles de domination, nous trouvons aujourd'hui les musulmans au bas de l'échelle sociale. Cela provient de leur idéal réactionnaire. Les empereurs mongols de Delhi avaient donné essor à une superbe civilisation, mais comme la civilisation de Cordoue ou de Bagdad, comme tout ce qui a brillé en sciences ou en art dans le monde musulman, cette civilisation était en dehors des conceptions traditionnelles ; aussi une sauvage réaction orthodoxe balaya ces splendeurs : il en résulta une anarchie profonde et la reprise du pouvoir par les princes Indous : Sicks au Nord, Maharatas au Sud.

Cependant l'Islam conservait son empire social : les termes administratifs et la langue des tribunaux restaient persans, un grand nombre d'emplois officiels étaient remplis par les musulmans, si bien qu'après la conquête anglaise, un cadi siégea longtemps à côté du juge anglais, lui donnant le *futva* (opinion légale) que le juge devait simplement appliquer dans ses sanctions.

Un beau jour tout cela changea : le cadi disparut, l'anglais devint la langue officielle ; en même temps les missions protestantes éduquant les Indous païens les rendirent aptes aux emplois administratifs ; et comme les Musulmans persistaient dans leur système d'éducation arabe, par crainte de perdre leur foi si la littérature chrétienne leur devenait accessible, ils se trouvèrent dépassés de loin par les Indous, « et en quelque sorte jetés en dehors de la Société » (1).

Vers 1850, enfin, l'élite s'aperçut que l'Islam en Inde était en danger, et elle se résigna à accepter la civilisation occidentale ; une foule de revues et de journaux sont lancés, en anglais et dans les dialectes populaires, l'idée de la conciliation ou plus exactement du compromis devient générale ; mais où faire le partage de ce qu'on abandonne et de ce que l'on veut garder ?

---

(1) J. Monro. *Notes on Islam in India*, New-York, 1903. Cf. *Mohammedan World* : il y a encore 96,7 % d'illettrés parmi les musulmans de l'Inde. Les mouvements si intéressants que nous allons voir, ne comprennent donc qu'une faible minorité.

Nous trouvons ici les positions les plus diverses : il y a les conservateurs qui fondent l'*Andjouman-i-Himyat-oul-Islam* (Société pour la Défense de l'Islam, citée plus haut), il y a les libéraux qui organisent le fameux collège d'Aligarh, et le désarroi de l'Islam est tel qu'entre ces deux grands partis opposés on trouve une foule de tendances originales et en général aussi peu musulmanes que peu chrétiennes : tel le mouvement du Mirza qui prétend être le « Mahdi-Messie du vingtième siècle » unissant dans cette courte formule le Bouddhisme au Judaïsme et à l'Islam ! Il nie la résurrection du Christ et renie aussi bien l'idée musulmane que Christ aurait été enlevé au Ciel avant la crucifixion (Coran IV, 156). D'après lui, Jésus fut crucifié, mais il guérit ; il aurait voyagé vers l'Est et serait mort à Shrinagar dans le Cachemire !

Voici comment le Mirza ose se comparer au Christ :

« Je me demande quelles qualités il y a chez le Fils de Marie, qui puissent en faire un Dieu. Sont-ce ses miracles ? Les miens sont plus grands. Ses prophéties furent-elles claires et vraies ? Je serais coupable de cacher la vérité, si je ne soutenais pas que les prophéties que m'a accordées le Tout-Puissant sont d'une bien meilleure qualité en clarté, force et vérité, que les prédictions ambiguës de Jésus... Mais malgré toute cette supériorité, je ne puis revendiquer la divinité, ou que je sois le Fils de Dieu... *Ma supériorité consiste en ce que je suis le Messie de*

Mahomet, comme Jésus fut le Messie de Moïse » (1).

Ce mouvement ne doit pas compter plus de 10.000 adhérents, il est regardé par les musulmans comme blasphématoire, mais il a gagné parmi eux une grand nombre d'hommes cultivés et de classe supérieure : il satisfait, en attendant mieux, ceux qui rougissent de l'infériorité de l'Islam, mais qui haïssent les « Farangi » ou étrangers (2), ou tout au moins ignorent le Christianisme.

Dans le sud, la secte des « Nouveaux Nazaréens » constitue aussi un extravagant mélange de religions, mais il a ceci de curieux, que ses deux leaders sont d'origine européenne : MM. White et Snow, qui malgré leurs noms candides partagent envers les chrétiens la haine du Mirza.

On trouve aussi des musulmans stricts qui prêchent le retour à l'enseignement arabe ; ils ont même fondé à Desband une université pour combattre le collège libéral d'Aligarh : mais leur cri d'alarme trouve peu d'écho, et lorsqu'ils organisèrent récemment à Calcutta un congrès d'Ouléma (lettrés), au lieu de l'enthousiasme que leur programme n'eût pas manqué de soulever il y a cinquante ans, ils eurent à entendre des choses fort dures et fort hérétiques.

---

(1) *Review of Religions*, organe du Mirza, mai 1908, d'après le Dr Wherry.

(2) Rev. Walcom G. Goldsmith, p. 347 du substantiel *Rapport* de la quatrième Conférence générale des Missionnaires de l'Inde, tenue à Madras en 1907.

Un Mahométan écrivit alors :

« Si ce congrès a le désir d'instruire le peuple de ses devoirs religieux et moraux il faut qu'il le fasse dans la langue du peuple. Ce qu'on appelle maintenant religion est une *forme sans vie* : Un homme murmure certains sons, fait quelques flexions du corps et a accompli tout ce que la religion exige de lui. Il est autorisé ensuite à tricher son patron, à faire de faux rapports et à dire une foule de mensonges...

« Les *Oulèma* ont toujours été contre la diffusion de l'instruction, ils désirent garder le Livre de Dieu et tous les livres religieux dans une langue étrangère et inconnue pour que leur pouvoir continue incontesté. *Il est puéril d'attendre la régénération de notre communauté d'un réveil de la littérature arabe.* « Les travaux historiques en langue arabe sont une simple suite d'anecdotes écrites, sans qu'on se préoccupe des liens de succession entre les faits. Il nous faut recourir à l'anglais ou aux dialectes parlés par nos jeunes gens pour leur enseigner l'Histoire aussi bien que la Science ».

Un autre musulman écrit : « Le Mahométisme tel qu'il est généralement pratiqué est un pur « cant ». Il a perdu sa force, il n'a aucune influence stimulante sur l'esprit des croyants. L'Islam actuel n'est qu'une série de doctrines discutables émises par les commentateurs. J'avoue que les Musulmans sont au dernier degré de la grossièreté et de la barbarie, ce qui ne veut pas dire que Mahomet ait été un imposteur ».

On le sent, c'est par comparaison avec la religion chrétienne que ces anglo-musulmans mettent l'Islam tout entier à l'index, en se couvrant d'un Islam primitif de pure fantaisie.

Alors que l'Islam classique revêt Mahomet des attributs métaphysiques du Christ, l'Islam moderniste l'orne de la perfection morale de notre Sauveur, mais il est à remarquer que tandis que les Chrétiens s'efforcent, par la science biblique de connaître toujours mieux la personne historique du Christ et les circonstances de son milieu, les néo-musulmans n'ont aucune envie de procéder à une semblable investigation impartiale sur l'objet de leur culte — et pour cause.

Compromis à tendance orthodoxe. — Nous reviendrons aux libéraux, mais après les fondateurs de Desband, organisateurs du Congrès d'Ouléma qui réussit si mal, il faut classer des mouvements analogues à ceux de l'Egypte, caractérisés par une culture anglaise jointe à la haine du christianisme et des Européens : c'est le collège d'Ouléma de Lucknow, c'est l'université de Lahore, c'est surtout la « Société pour la Défense de l'Islam ». Cette dernière a fondé de nombreuses écoles où l'on enseigne en anglais et en arabe, et qui font beaucoup pour améliorer la condition sociale des musulmans, quoiqu'elles n'atteignent pas au niveau des écoles missionnaires ou des institutions du gouvernement. En même temps la Société a publié toute une littérature tant pour réfuter les écrits des missionnaires chrétiens, que pour propager l'Islam.

Le résultat de ses efforts a été un réveil d'intérêt pour l'Islam, une plus grande fréquentation des mosquées (là où existe une section de la Société), et la diminution des musulmans dans les chapelles et les écoles protestantes.

D'autre part, on a observé que ses mises en garde contre la Bible et ses réfutations des livres chrétiens avaient en quelque sorte servi de publicité au christianisme et éclairé plus d'un esprit. Le grand jour de la discussion n'est guère propice à l'Islam et ce compromis orthodoxe aura de la peine à subsister : il est suspect aux musulmans stricts et n'est pas assez franchement rallié à la Civilisation pour satisfaire les autres.

Compromis à tendance libérale. — Le mouvement d'Aligarh, dû au génie de Sir Sayed Ahmed, est sur un terrain beaucoup plus solide ; il est regardé par les prêtres comme une abomination, mais tous les musulmans instruits et jaloux de voir leur communauté rivaliser avec les autres dans la voie du progrès, sont fiers de leur grande école aux allures britanniques.

Nous trouvons chez Sir Sayed Ahmed des moyens de défense musulmane différents de ceux que nous avons analysés jusqu'ici : il sacrifie beaucoup du dogme, emprunte sa morale tout entière au christianisme, réserve une place à la Bible dans son enseignement, et professe un loyalisme sincère envers la Grande-Bretagne. L'Islam n'est point, ici, vaincu dans le seul domaine des connaissances et de la vie publique, mais encore dans ceux de la morale individuelle et des conceptions religieuses.

On s'en apercevra si l'on veut bien lire l'exposé de l'œuvre admirable de Sir Sayed Ahmed que nous donnons dans les « Notes et Documents », à la fin de la livraison de « Foi et Vie », du 1er février 1909 ; mais d'où vient cette différence ? De ce qu'il existe, aux Indes, une puissante organisation de mission chrétienne, qui, entravée jadis par la « première Compagnie des Indes anglaises », la culbuta et entraîna le nouveau Gouvernement de la Couronne dans une féconde entreprise de civilisation. C'est parce que la civilisation ne s'est pas présentée en Inde dépouillée de son ressort religieux, c'est parce que les défenseurs de l'Islam ont été forcés de subir la comparaison de leurs principes avec ceux du Christianisme que la conversion des néo-musulmans au monde moderne, est plus sincère et plus profonde en Inde qu'en Egypte, en Algérie et même chez une partie des Jeunes-Turcs.

En Perse. Le Babisme. — Pour terminer la revue si variée des compromis entre l'Islam et l'Occident, il nous reste à analyser rapidement deux mouvements, l'un en Perse, l'autre en Syrie.

Ces deux mouvements ne doivent rien à la civilisation politique et sont le produit combiné de l'esprit des sectes et de la mission chrétienne.

Les *Babistes* ou *Bihais*, comme on les appelle aujourd'hui, comptent de 900.000 à un million d'adhérents, suivant les témoins ; ils placent l'Ancien et le Nouveau-Testament au même niveau que le Coran et leurs propres livres religieux. Leur usage de la Bible a beaucoup fait pour en répandre la connaissance en Perse, ces dernières années, et pour exciter l'esprit de recherche. Etant eux-mêmes persécutés, ils sont assez cordiaux avec les chrétiens. Leur morale d'après le Dr St-Clair Tisdall (1), est de beaucoup supérieure à celle des musulmans : à moins que la première femme ne soit stérile, ils n'autorisent pas un second mariage, et même les veufs sont mal vus s'ils convolent en secondes noces. Le divorce n'est permis qu'en cas d'adultère. Quelques femmes parmi eux sont devenues missionnaires de leur secte et sont fort réputées.

M. Jordan, missionnaire au nord de la Perse, conteste que leur morale soit supérieure, et dit qu'ils ont adopté, de l'Evangile, plutôt le patois de Canaan que la Repentance. Ils nient de plus, avec la divinité du Christ, les miracles, et les faits bibliques par des interprétations allégoriques.

M. Jordan ne croit pas à l'avenir de ce mouvement en Perse, mais, conclut-il, il a répandu en une certaine mesure la connaissance de la Bible et préparé la voie au Christianisme.

En Syrie, il y eut, il y a quelques années un mouvement encore beaucoup plus riche en éléments empruntés à la mission chrétienne : le

---

(1) Secrétaire-général de la « Church Missionary Society » en Perse. Cf. *Mohammedan World*.

JEUNE KABYLE
qui désire « marcher dans le sentier de Jésus-Christ »

mouvement des *Chatleyeh* (1) qui seul, parmi tous ceux que nous avons vus semble avoir possédé un vrai souffle de réveil spirituel : ses principes étaient : réforme morale radicale, humilité du cœur, et amour fraternel ; il se propageait par des cercles d'études où la Bible était fréquemment méditée, malheureusement l'ex-gouvernement Ottoman l'a bien affaibli par une arme plus meurtrière que le fer : les places distribuées aux sectateurs influents.

Cependant le Christianisme a fait par là un pas en avant, et dans bien des cas la conscience a été réveillée. Puisse la liberté politique récemment proclamée raviver ce mouvement et en faire naître de plus profonds encore !

*
* *

Une chose frappe lorsque l'on parcourt du regard l'immensité du monde musulman, c'est qu'il n'existe pas de mouvements « jeunes » ou libéraux, là où ne s'exerce pas l'influence occidentale, et que là où elle s'exerce, la nature des compromis musulmans lui correspond exactement.

En Turquie, le Concert Européen s'efforce de créer un gouvernement fort et libéral et les Jeunes-Turcs, dans leur compromis, adoptent les « Droits de l'Homme ».

En Egypte, l'on ne parle que « d'occupation

(1) Nous avons traduit un exposé de ce mouvement, qu'on trouvera aux « Notes et Documents », à la fin de la livraison de *Foi et Vie*, du 1er février 1909.

provisoire » et les compromis ne cèdent que sur le terrain industriel et scolaire.

En Algérie et en Tunisie, la Civilisation est accompagnée d'athéisme, et ce sont les dogmes qui s'affaissent chez les Indigènes « assimilés ».

En Inde, la Civilisation laïque et la Mission travaillent concurremment, et nous trouvons la « Société pour la Défense de l'Islam » obligée de céder à la première, tandis qu'on adopte à Aligarh les principes de la deuxième sur des points importants.

En Perse et en Syrie, enfin, c'est par les Missions que le monde occidental se fait surtout connaître, et les compromis font une large place aux principes et aux livres chrétiens.

Ainsi, de quelque manière que l'Occident l'attaque, l'Islam se montre incapable de résister, et fait la part du feu.

Mais il ne cède que sur les points directement visés ; aussi ce serait une faute impardonnable que de laisser à la civilisation areligieuse le soin d'achever la transformation des peuples musulmans.

La religion, chez eux, est la base et l'ordonnatrice de toute action, de tout écrit et de toute pensée : viser à la religion, c'est viser au cœur de la résistance. S'interdire le prosélytisme chrétien, ce serait au contraire, couper et recouper une plante vivace sans vouloir toucher à sa racine.

Nous sommes à une heure solennelle où des musulmans innombrables, déjà, réclament des maîtres et des livres.

La civilisation *areligieuse* leur procure un peu de lumière, mais elle leur apparaît bien souvent sous la forme de coloniaux durs, injustes, égoïstes et privés de sens religieux. De plus elle n'a pu s'introduire, presque partout, qu'à l'aide des canons ; plus d'un cœur en est révolté et nous connaissons des lieux d'où elle serait bientôt bannie, si ces canons venaient à se rouiller.

Que pour le malheur du monde, il éclate une guerre entre la France, l'Angleterre et l'Allemagne, et l'on verra s'effondrer cette œuvre mélangée de lumière et d'appétits, dans une formidable réaction du vieil esprit mahométan.

Les Missions au contraire apportent la civilisation dans un esprit de paix et de fraternité, elles pénètrent au Maroc et en Arabie, là où rien d'occidental ne peut entrer encore. Tandis que la colonisation inspirée par les « savants » est *égoïste*, selon le témoignage irrécusable de M. Ubeyd-Oullah, la colonisation inspirée par les vrais chrétiens est toute faite de dévouement : au lieu d'asservir elle sert, au lieu de saisir elle donne.

Les Missions sont bien plus puissantes sur les cœurs que les institutions administratives, parce qu'elles sont pleines de passion et parce qu'elles puisent dans l'Au-Delà des forces mystérieuses.

Les Missions pourront éviter aux musulmans de pénibles étapes sur la route du progrès, toute une série de compromis de plus en plus occidentaux, toute une suite de victoires partielles, remportées péniblement.

Les Missions peuvent d'un seul coup, d'un seul bond, amener à la virilité les peuples mahométans, comme elles ont transformé, dans l'espace d'une vie d'homme, les anthropophages du Lessouto en citoyens éclairés et paisibles.

Les Missions, enfin, peuvent seules civiliser radicalement et définitivement, parce que seules elles vont chercher le mal à sa racine en amenant l'homme tel qu'il est, devant le tribunal de l'homme tel qu'il sent devoir être, en ouvrant devant sa conscience endormie le livre de la morale absolue, et en dressant devant son âme enchaînée et perverse le souvenir du Fils de Dieu crucifié.

CHAPITRE VIII

Missions chrétiennes auprès des Musulmans

« Que l'on flétrisse l'erreur mahométane du nom d'hérésie, ou qu'on la stigmatise du nom de paganisme, il faut agir contre elle et il faut en écrire...

« Je vous attaque, non pas comme le font souvent les nôtres, par les armes, mais par la parole, non par la violence, mais par la raison, non par la haine, mais par l'amour » (1).

C'est en ces termes que Pierre le Vénérable, abbé de Cluny, se préoccupait des Musulmans, au moment même où *saint* Bernard, abbé de Clairvaux, prêchait la deuxième croisade.

N'est-il pas admirable d'entendre résonner ainsi les accents les plus purs de l'Evangile, au milieu des malédictions et des cris de guerre ?

---

(1). S. M. Zwemer, missionnaire en Arabie, *Islam a challenge to faith* (1908), p. 184. Une traduction de cet ouvrage des plus remarquable est en préparation.

Nous devons la majeure partie de nos documents à MM. Cook et Griffiths, missionnaires en Kabylie ; qu'ils reçoivent ici nos remerciements les plus cordiaux.

Rome voulait un saint ; entre ces deux abbés elle n'hésita pas et canonisa le fanatique, mais un siècle plus tard, lors de la dernière croisade, l'Esprit de Christ s'exprimait de nouveau par la voix de Raymond Lulle :

« Je vois, dit-il, maints chevaliers qui vont en la Terre Sainte, par delà les mers, et qui pensent la conquérir par la force des armes ; mais ils sont tous détruits avant d'atteindre leur but, d'où il m'apparaît que la conquête de la Terre Sainte ne doit pas être tentée par une autre voie que la Tienne et celle de Tes apôtres, à savoir par amour et prières, par don de larmes et de sang ».

RAYMOND LULLE était sénéchal à la Cour d'Aragon, et poète ; converti à trente-deux ans d'une façon qui rappelle saint Augustin, il distribue tous ses biens aux pauvres et il prépare, avec un véritable génie, l'évangélisation des Musulmans, de trois manières différentes : en composant un système philosophique destiné à les persuader de la vérité du christianisme, en établissant des écoles pour former des missionnaires où l'on aurait étudié les langues orientales, enfin, en allant lui-même annoncer la Bonne Nouvelle en Afrique.

« Chassé de Tunis, chassé de Bougie et menacé de mort en cas de retour, Lulle ne put résister à l'appel d'amour qui dirigeait sa vie : Celui qui n'aime pas ne vit pas, disait-il, et celui qui vit de la Vie ne peut mourir ». Aussi, en 1314, vieillard de quatre-vingts ans, il retournait dans l'Empire barbaresque, à Bougie, vers la poignée de Kabyles qu'il avait convertis.

Pendant dix mois, il vécut caché, conversant et priant avec les néophytes et tâchant d'en gagner d'autres ; mais à la fin, incapable de garder plus longtemps son message secret, il se dresse hardiment sur la place du marché ; il se présente au peuple comme l'homme qu'ils ont chassé ; il les menace de la colère de Dieu, s'ils persistent dans leurs erreurs ; il plaide avec amour, mais sans rien cacher de la Vérité ; alors la populace remplie de fureur, ne pouvant répondre à ses arguments, le traîna hors de la ville et le lapida » (1).

C'était la digne fin d'une vie d'apôtre, mais que dire de cette chrétienté qui resta sourde à de tels appels ? Que dire de cette papauté qui « interdit à l'avenir de semblables tentatives » ? (2).

La sagesse de Dieu était du côté de Raymond Lulle et non du côté des pontifes qui fomentaient alors les croisades, comme les grands d'aujourd'hui prêchent une colonisation qui ne leur cède en rien quant au désir de lucre, quant à l'orgueil, et quant au mépris de la justice.

Pendant cinq siècles l'appel de Raymond

---

(1) Inspiré d'*Islam a challenge to faith*, par S. M. Zwemer.

(2) Nous regrettons de voir un auteur protestant, M. Bonet-Maury, dans *l'Islamisme et le Christianisme en Afrique*, p. 102, approuver la *sagesse* de cette interdiction. Son livre est une mine de renseignements, mais son libéralisme lui fait voir l'Islam sous un jour par trop ensoleillé.

La revue *l'Islam*, qui cherche à convertir les Français au Mahométisme, comme nous l'avons montré pages 67 et suivantes, emprunte à ce livre de M. Bonet Maury une apologie de « la civilisation musulmane en Afrique » dans son numéro de février 1909.

Lulle resta sans écho, et seul le jésuite français Xavier osa dans ce long espace de temps se mesurer avec l'Islam.

Mais grâce à Dieu, la conscience chrétienne s'est peu à peu éveillée, pendant le cours du XIXe siècle, au devoir d'évangéliser les Mahométans.

Ce sont tout d'abord des héros qui s'en vont seuls aux Indes, en Perse ou en Arabie, les Henry Martyn, les Pfander, les Keith-Falconer : ils eurent parfois le sort de Raymond Lulle. Puis ce sont des missionnaires d'élite qui, envoyés auprès des païens de l'Inde ou de la Malaisie, sont émus de pitié à la vue des musulmans et leur consacrent une partie de leurs forces et de leur amour. Ce sont ensuite des Sociétés américaines, entre autres, qui visent à régénérer les chrétiens d'Orient, afin de les rendre capables de gagner leurs voisins musulmans. De puissantes sociétés se forment ensuite ; la Church Missionary Society en Palestine, les Sociétés américaines et écossaises en Arabie : elles fondent des écoles et des hôpitaux où règne l'esprit du Christ, même là où il est interdit d'annoncer l'Evangile.

Enfin, les vingt dernières années du siècle voient se fonder plusieurs sociétés ayant directement pour but l'évangélisation des musulmans : telles sont au Maroc deux sociétés de Glasgow, en Algérie les Plymouth Brethren, la Mission méthodiste française en Kabylie, et dans tout le Nord de l'Afrique, la North Africa Mission ».

« En 1900, les principales villes du monde musulman sont occupées, chacune par un ou deux missionnaires ; c'est là peu de chose, puisque ces villes comptent de 100.000 à 2 millions d'habitants, et que derrière elles s'étendent d'immenses pays à la population dense, mais c'est là une avant-garde qui prend position en ce moment même et qui prépare la tâche pour le gros de l'armée qui DOIT suivre.

Déjà la Bible, en tout ou en partie, est traduite dans la plupart des nombreux dialectes de l'Islam ; des missionnaires, ou des docteurs musulmans convertis, ont composé, dans les cinq principales langues : l'arabe, la persane, la turque, l'urdu et la bengali, une importante collection d'ouvrages chrétiens, apologétiques ou instructifs ».

Les missions chrétiennes auprès des Musulmans se sont ainsi préparées de mille manières. Il restait à coordonner ces efforts et à leur donner la publicité nécessaire pour gagner enfin le concours général de l'Église. C'est dans cette pensée que s'est réunie au Caire, en 1906, la Première Conférence Universelle des Missions auprès des Musulmans. « Soixante-deux délégués y représentaient vingt-neuf sociétés d'Europe et d'Amérique, sans compter un nombre presque égal de visiteurs. Les rapports présentés à la Conférence par des missionnaires d'élite venus de toutes les parties du monde musulman présentent pour la première fois une vue générale de ce monde, avec ses conditions sociales, intellectuelles et religieuses, en même temps qu'ils permettent un coup d'œil d'ensemble sur les travaux missionnaires déjà exécutés, leurs méthodes, leurs difficultés et leurs résultats dans chaque région.

« Le caractère profondément spirituel de cette rencontre et l'unanimité d'esprit que montrèrent toutes les discussions donnent l'espoir que Dieu se servira de cette Conférence pour inspirer à l'Eglise des efforts plus énergiques et plus systématiques en faveur des millions de mahométans » (1).

« Les remarquables études lues au Caire ont été publiées en partie sous le titre : THE MOHAMMEDAN WORLD OF TO DAY (2), et en partie, pour des raisons de prudence, imprimées à l'usage exclusif des missionnaires, sous le titre: *Méthodes de l'œuvre missionnaire parmi les Musulmans* ».

M. ZWEMER, dans son admirable ouvrage *Islam a challenge to faith*, paru il y a quelques mois, omet par modestie d'ajouter que la Conférence du Caire l'a prié de consacrer trois années à visiter le monde chrétien pour appeler son attention sur l'évangélisation des Musulmans, qui apparait comme le devoir spécial de l'Eglise au XXe siècle.

L'appel de M. Zwemer, lisons-nous dans la revue *The Life of Faith* (3), a produit une impression ineffaçable aux dernières conférences de Kesswick (Angleterre). D'autre part, aux conférences de Chexbres (Suisse), en 1908, les chrétiens de langue française ont écouté avec un vif intérêt les appels de plusieurs missionnaires en terre d'Islam.

---

(1) ZWEMER, *Islam a challenge to faith*, p. 24 et ss.

(2) Nous avons bien souvent utilisé cet ouvrage au cours de notre étude.

(3) N° du 29 juillet 1908.

Dieu veuille que tous ces efforts aboutissent à une nouvelle croisade, une grande croisade où tous ceux qui ont l'esprit chevaleresque et le sang généreux s'enrôleront pour Christ, dans l'esprit de Raymond Lulle !

*
* *

Ah ! nous savons mieux que personne combien l'Islam est formidable encore malgré sa décadence ; nous avons même été saisi d'angoisse et d'effroi en constatant ses récentes conquêtes au cœur de l'Afrique ; mais nous avons été réconforté par ces paroles : « Non par puissance, ni par force, mais par mon Esprit, dit Jéhova » (1).

Il reste vrai que ce champ de mission offre des difficultés spéciales : le fanatisme y est général, et ne peut être vaincu que par de longues années de dévouement, de travaux médicaux et scolaires. — En Perse, en Arabie et au Maroc, la prédication de l'Evangile ne peut encore se faire qu'en secret. — D'autre part les liens sociaux entremêlent inextricablement la vie de tout Musulman à celle de ses voisins ; s'il fait profession de christianisme, ses parents le déshéritent, ceux de sa femme l'excitent contre lui, ses débiteurs refusent de le payer, les autorités le chargent d'impôts et d'amendes, les tribunaux lui donnent tort en toute affaire, et la nuit une balle fanatique le frappera peut-être.

— Il faut ajouter à cela le pharisaïsme de la morale, l'hypocrisie de la conscience publique,

(1) Zacharie IV, 6

et enfin un monde de coutumes païennes, telles que le culte des arbres, des hauts lieux, des fontaines et des morts, rendues plus vivaces encore par leur incorporation à l'Islam.

Il faut regarder ces difficultés en face, mais il ne faut pas oublier que l'évangélisation en terre d'Islam comporte aussi des avantages spéciaux, que ne présente pas au même degré l'évangélisation des païens : « Le Musulman a l'esprit religieux, et sa bigoterie fanatique peut devenir, lorsqu'il se convertit, une sérieuse consécration » (1). — Il a horreur des statues de saints, du culte rendu à Marie, de la confession et du célibat des prêtres, aussi, a-t-on entendu dire à des Musulmans de Syrie, comme à des Musulmans de Kabylie : « Si nous devenons chrétiens, nous serons protestants ». — Ils regardent Jésus non seulement comme un prophète, mais *comme Celui qui doit revenir*. Les orthodoxes réduisent autant qu'ils le peuvent la portée de cette réminiscence de l'Evangile et enseignent avec leur matérialisme classique que Jésus, ayant été élevé au ciel vers l'âge de trente ans, doit revenir passer quarante ans sur cette terre *pour achever sa vie*, se marier et posséder des enfants. Mais la croyance est très répandue que, lorsque Jésus reviendra, la fin du monde ne sera pas éloignée : un notable de Syrie disait au missionnaire EDDY : « Nous attendons un réformateur, un Madhi, et nos savants les plus autorisés nous enseignent que ce sera Sidna Aïssa » (Jésus-Christ).

---

(1) W. K. EDDY, *The Mohammedan World of to day*.

Un dernier avantage résulte enfin du fait que, si le Musulman est plus long à gagner à l'Evangile, il semble en revanche plus prompt que le païen à atteindre sa majorité spirituelle. En Inde et à Sumatra, les pasteurs et les évangélistes indigènes d'origine musulmane forment un corps d'élite ; et certains d'entre eux ont écrit des ouvrages remarquables.

Il résulte des faits qui précèdent que l'œuvre auprès des musulmans est fort différente de celle auprès des païens. Aussi exige-t-elle des hommes spéciaux et des méthodes particulières.

Les principales MÉTHODES universellement employées sont : les œuvres *médicales* et *scolaires*, le *colportage* de la Bible, les *tournées d'évangélisation*, et ce que j'appellerai *l'évangélisation intime* (1).

La première chose à faire est d'abattre la muraille d'hostilité et de prévention que l'Islam a élevée en face du christianisme. Pour cela les MÉDECINS-MISSIONNAIRES ont fait merveille dans le Nord de l'Inde, en Perse et en Arabie ; ils dirigent de superbes hôpitaux, dont l'entretien coûte des millions chaque année aux chrétiens anglo-saxons, et ils exercent une influence étendue grâce à des tournées où l'on fait de la chirurgie en plein vent. A la vue d'un hôpital-missionnaire de Syrie, un Musulman circassien s'écriait naguère :

(1) Les travaux publiés dans *The Mohammedan World of to day* donnent, par pays, le détail de ces méthodes et de leurs résultats jusqu'à ce jour.

« C'est merveilleux ! Nous n'avons rien de pareil dans notre religion » (2).

L'œuvre médicale s'impose dans toutes les missions auprès des Musulmans, c'est la meilleure manière de désarmer leur haine, c'est une occasion mille fois répétée de leur parler du Médecin de l'âme, et c'est aussi — pourquoi ne pas le proclamer ? — un but en soi, car s'il nous est ordonné de prêcher l'Evangile jusqu'aux extrémités de la terre, ne nous est-il pas prescrit aussi, comme aux Soixante-dix « de guérir les malades » et de soulager ceux qui souffrent ?

Les Ecoles de tous degrés ne sont pas moins nécessaires ; on les utilise partout pour saper le traditionalisme, l'ignorance et la superstition, et malgré l'opposition des prêtres musulmans, elles prennent un développement rapide :

« En Arabie (au Sud), les œuvres scolaires sont d'une importance capitale, non seulement en répandant la connaissance de la Bible, mais aussi comme instrument de régénération morale : les jeunes Musulmans y apprennent la modestie, la véracité, la droiture envers Dieu. Dans nos écoles on n'attaque pas les croyances des élèves, mais on détruit les préjugés contre la Bible, et l'on construit la conscience » (1).

En Perse, d'après le Rév. Wilson, les écoles sont une des branches les plus encourageantes de l'œuvre missionnaire :

« A *Téhéran*, dit-il, l'école missionnaire qui

---

(2) Rd W. K. Eddy, *Mohammedan World of to day*.

(1) J. C. Yong, Mohammedan World of to day.

comptait une cinquantaine de jeunes garçons en 1904, en a compté l'an dernier (1905), cent quinze, sans compter vingt-cinq jeunes filles. Ils reçoivent tous une instruction biblique et assistent aux services religieux, tenus dans l'école. A *Tabritz*, l'école *de théologie* a vu passer le nombre de ses élèves musulmans de 3 à 50, en trois ans ; ce sont des fils de nobles et de fonctionnaires, ce qui nous garantit la neutralité de l'administration. A *Ourmia*, une école récemment fondée compte 50 jeunes gens et 35 jeunes filles ».

Tandis que les œuvres médicales et scolaires révèlent aux Musulmans le véritable esprit du christianisme, d'autres méthodes tendent directement à répandre la connaissance de l'Evangile. C'est tout d'abord LE COLPORTAGE BIBLIQUE, qui a pris récemment une extension immense. Il est surtout l'œuvre de deux grandes sociétés bibliques (la Britannique et l'Américaine) secondées par le zèle infatigable de centaines d'indigènes convertis.

— Les imprimeries missionnaires produisent aussi beaucoup ; celle de Beyrouth, à elle seule, a publié plus d'un million d'exemplaires des Saintes Ecritures *en arabe*, depuis sa création.

« Presque tous les Musulmans de Syrie, dit M. W. K. Eddy, sont disposés à recevoir une bible et beaucoup sont désireux d'en acheter une. Les portions les plus souvent demandées sont la Genèse, les Psaumes, les Proverbes, et, chose remarquable, l'Evangile de Jean. J'ai rencontré près de Tyr un Musulman Chiite qui lisait la Bible. Comme je lui demandais pourquoi il ouvrait un livre chrétien, il me répondit sérieusement : « Je n'ai jamais rien » trouvé qui chasse le péché de mon cœur » comme ceci ».

Le colportage semble devoir remplacer dans maints pays musulmans l'organisation des catéchistes en pays païen. En effet, le Musulman est plus influencé par ce qu'il lit que par ce qu'il entend, il a le culte de ce qui est écrit.

« Dans les villes, rapporte M. Young, missionnaire en Arabie, un magasin est loué, on y vend des livres religieux, et cela forme en même temps un cabinet de lecture où les passants viennent librement lire les journaux et les revues. On discute avec calme, et l'on n'aborde jamais les questions de foi avant d'avoir gagné la sympathie de son interlocuteur ».

Un nombre important de femmes pénètrent dans les Harem et les Zénana pour lire et expliquer la Bible et complètent ainsi auprès des femmes musulmanes l'œuvre des colporteurs.

La prédication publique de l'Évangile est faite partout où cela est permis. C'est une méthode difficile, en ce sens que le missionnaire n'est pas toujours compris : parfois il passera pour un athée, et parfois pour un fakir d'un genre spécial, cherchant à gagner le ciel par son zèle oratoire ; plus souvent, le missionnaire fait l'effet d'un Musulman sectaire qui cherche à mettre hors de pair Jésus-Christ et méprise par cela même la foule des cent vingt-quatre mille autres prophètes que vénère l'Islam. Dans le feu de la discussion il arrive que le missionnaire fait de graves concessions ou qu'au contraire il blesse, dans ce qu'il avait de plus profond et de plus sain, le sentiment religieux de ses auditeurs.

S'il n'est pas complètement maître de leur dialecte compliquée, ils se moqueront de lui à son insu ; et s'il veut couper court à des interruptions dont il ne saisit pas la portée (peut-être des remarques judicieuses), il froissera leur susceptibilité.

Est-ce à dire que cette méthode doive être délaissée ?

Loin de nous une telle pensée ! La prédication ouverte de la Croix, scandale pour les Juifs, folie pour les Grecs, folie et scandale à la fois pour les Musulmans, doit rester le centre de toute activité missionnaire. La Parole écrite a besoin d'être confirmée par la Parole vivante, c'est-à-dire par le témoignage ému d'hommes de Dieu véritablement consacrés.

Il n'y a d'ailleurs pas de pays au monde où l'on puisse en moins de minutes réunir des auditoires aussi attentifs que chez les Musulmans. Ils répondent toujours avec joie à l'appel du missionnaire, et l'auvent de la mosquée compte en cinq minutes entre vingt et cent auditeurs au regard vif, prêts à manifester leur approbation ou leurs objections du geste et de la voix.

Lorsqu'un missionnaire parle correctement leur dialecte et emprunte à leurs mœurs ses images et ses dictons, on voit bientôt l'auditoire se diviser en deux : d'une part, les fanatiques qui ont besoin de Mahomet pour couvrir leurs passions mauvaises, et d'autre part... les braves gens. Ceux-ci approuvent avec candeur, manifestent parfois une véritable émotion, et ne laissent pas partir le missionnaire sans l'avoir prié d'accepter quelques figues trempées dans l'huile, de la galette chaude avec des œufs mollets, ou plus simplement une tasse de café.

Les tournées d'évangélisation ne peuvent produire de résultats immédiats : c'est un travail de labour et de semailles ; mais il produit une lente transformation de la masse du peuple, les principes de la morale chrétienne s'y infiltrent insensiblement et l'attitude envers Jésus-Christ devient de plus en plus respectueuse.

La controverse est inévitable, et ce sont toujours les Musulmans qui l'engagent, en opposant l'autorité des docteurs à notre prédication de la repentance. Il faut se garder, alors, avec un soin jaloux de tout mot vif et de toute amertume, pour adopter la manière patiente et douce du bon Irénée ; il ne faut pas faire de compromis, mais il faut montrer beaucoup de tact.

Il reste, évidemment, quelque chose de divin dans l'Islam, j'entends par là un sentiment religieux voilé par d'innombrables superstitions et légendes, souillé par une morale que n'égalerait pas en corruption le pharisaïsme uni au jésuitisme, mais un sentiment religieux juste et analogue, en somme, à celui des Hébreux. Il faut bien se garder de le blesser, car il tient vitalement aux germes de progrès.

Aussi faut-il, le plus souvent possible, compléter la prédication publique par des ENTRETIENS PARTICULIERS où le missionnaire, seul à seul avec un Musulman, lui parle comme à son ami, ainsi que Jésus parlait à Nicodème.

Il faut accepter et rendre des visites où, accroupi sur une natte, devant la tasse de café traditionnelle, on montre à cet ami, non par des raisonnements philosophiques, mais par les raisons du cœur, que les vérités à moitié cachées dans le Coran sont pleinement dévoilées dans l'Evangile ; c'est là une œuvre délicate certes, mais en évitant de heurter trop brusquement les croyances de cet ami et en leur opposant le témoignage de la conscience, on peut parvenir à lui faire reconnaître l'impuissance de Mahomet et la force merveilleuse que donne l'Esprit de Christ. Dans l'intimité de ces entretiens, le rayonnement spirituel qui se dégage de la personne du vrai missionnaire convaincra plus que tous les discours.

Mais même converti, le Musulman a besoin d'une ÉDUCATION qui réclame beaucoup de clairvoyance et beaucoup d'amour. Il a, quoi qu'on pense, une tendance à se convertir dogmatiquement avant d'être converti moralement ; et c'est une épreuve douloureuse pour le missionnaire de l'entendre prier avec ferveur, alors que son cœur est peut-être resté dur et violent dans les affaires ordinaires de la vie ; d'autre part, on peut faire beaucoup de mal et entraver le développement des néophytes en continuant à leur faire boire du lait, quand leur développement exigerait des aliments solides, selon l'image de saint Paul. Il est difficile de n'être ni trop indulgent ni trop sévère. L'essentiel est de joindre à un catéchisme méthodique et complet, composé spécialement pour eux, un entraînement vigoureux à l'action et au sacrifice et de faire tout cela dans un esprit de prière et d'affection.

*
* *

Mais il est temps d'en arriver aux RÉSULTATS de tous ces efforts et de constater avec joie que si l'Islam *doit* et *peut* être combattu, il *est* vaincu déjà dans une certaine mesure. Puissent les faits qui vont suivre convaincre et gagner les chrétiens qui veulent avec Thomas voir de leurs yeux et toucher de leurs mains !

L'idée vulgaire qu'un Musulman ne peut devenir chrétien est tellement fausse qu'il y en eut quatre avant même la mort de Mahomet, dont le principal se nommait OUBEYD-OULLAH. L'un des premiers adeptes du Prophète, il le suivit avec quelques autres Musulmans en Abyssinie, pour fuir la colère des Coreïchites. Là, le christianisme le frappa par sa supériorité, malgré la dégénérescence de l'Eglise éthiopienne, et non seulement il se fit chrétien, mais encore il exhorta ses compagnons à en faire autant. Il en gagna trois et ils se fixèrent en Abyssinie (1).

Aux Indes, alors qu'on ne songeait pas encore à eux, les Musulmans se convertirent dès le début des Missions évangéliques. On trouverait avec peine des églises au Nord de l'Inde où il n'y ait quelques chrétiens d'origine musulmane ; ils forment même la majorité dans

(1) ZWEMER, *Islam a challenge to faith*, p. 23.

quelques communautés et plus de deux cents sont aujourd'hui pasteurs ou instituteurs.

Dans l'ensemble, l'évangélisation des Musulmans, en Inde, fait des progrès remarquables et l'énergie même de ses adversaires montre la valeur des conquêtes déjà réalisées dans cette campagne (1).

Il faut noter encore que tandis que l'Islam fait des recrues parmi les Indous des castes inférieures, qui y gagnent l'émancipation sociale avec des avantages matériels, le plus souvent, c'est de l'élite, au contraire, que provient la généralité des musulmans convertis au christianisme.

Dans la Transcaucasie et le Bokhara, ces bastions de l'Islam au cœur de l'Asie, où la Mission ne fait que commencer, il y a déjà eu un certain nombre de conversions et de baptêmes ; écoutez le témoignage d'un professeur à l'Université musulmane de Bokhara, gagné à l'Evangile.

« Je suis convaincu que Jésus-Christ vaincra Mahomet, il n'y a aucun doute à ce sujet, car Christ est Roi dans les Cieux et sur la Terre. Son Royaume remplit dès maintenant les Cieux, bientôt il remplira la Terre ! » (2).

En Perse, chaque station missionnaire compte quelques chrétiens venus de l'Islam ; et un plus grand nombre ont été renvoyés dans leurs villages, après leur baptême, pour y faire briller la lumière de l'Evangile.

Leur bonheur et la transformation de leur

(1) Wherry, *The Mohammedan World of to day.*

(2) Larsen, *The Mohammedan World of to day*, pp. 244 et 245.

vie produisent un grand effet sur ceux qui les connaissent et beaucoup de croyants secrets n'attendent pour se faire baptiser que l'avènement de la liberté.

— « Depuis quelques années les Moullah (prêtres) se lamentent de ce que le « venin du christianisme se répand à travers tout le pays ». Il y a quelque temps ils prêchèrent le meurtre des missionnaires et des néophytes, comme le seul moyen d'empêcher les progrès continus de l'Evangile. Mais grâce à Dieu, ils sont moins violents aujourd'hui.

En Syrie, en Turquie, en Arabie, il y a aussi quelques chrétiens déclarés, presque dans chaque station, et un bon nombre de chrétiens en secret. Quelques-uns ont subi le martyre.

En Egypte, la Mission américaine compte au milieu de ses fidèles, d'origine copte, cent quarante Musulmans baptisés adultes.

La « North Africa Mission » possède de petites communautés indigènes à Fez, Tanger, Djema-Saharidj, Tunis, Alexandrie et Chebin-el-Kom.

Enfin, en Malaisie, c'est par milliers que se comptent les Musulmans gagnés à l'Evangile, quoique l'œuvre n'ait guère commencé qu'en 1871.

La Société des Missions Rhénanes a gagné à Sumatra 7.000 adeptes de Mahomet qui sont aujourd'hui répartis en 80 églises avec 5 pasteurs indigènes consacrés, secondés par 70 évangélistes et 60 « conducteurs ». Ils ont souscrit 7.000 francs en 1904 et bâtissent eux-mêmes, presque toujours, leurs temples, leurs écoles et leurs presbytères. Leur christianisme est plus mûri que celui des pagano-chrétiens ; un triage s'opère parmi les néophytes musulmans, par suite des promesses ou des menaces de leur entourage.

A Java, le Gouvernement hollandais, mal avisé, avait interdit toute propagande chrétienne à l'intérieur de l'île jusqu'en 1880, mais il a compris que protéger l'Islam c'était réchauffer un serpent dans son sein et peu à peu son attitude est devenue beaucoup plus favorable aux missionnaires : il leur fournit maintenant les médicaments à moitié prix et subventionne leurs écoles.

Depuis 1880, les Sociétés de mission néerlandaises ont fondé de nombreuses stations au milieu des quarante mille villages qui couvrent Java, et en 1905, elles avaient le bonheur de compter 18.000 Malais musulmans convertis. Chaque année, de 300 à 400 adultes reçoivent le baptême et — chose curieuse — l'augmentation par la natalité de cette population chrétienne est deux fois plus élevée (1/40 par an) que celle de la population musulmane, déjà fort remarquable (1/70).

Cela ne montre-t-il pas la profondeur de la transformation sociale opérée par le christianisme ?

Malheureusement les charges publiques et les postes de confiance restent encore fermés aux chrétiens et la vie est pour eux souvent difficile, car les prêtres musulmans, faisant de droit partie des conseils des villages, ne manquent pas de vexer ceux qui cessent de leur apporter leurs offrandes. De plus, chaque village est groupé autour d'une fontaine d'où il tire sa richesse, en l'utilisant pour la culture du riz; mais le déboisement diminue le débit des sources, la population augmente : aussi, quand une famille devient chrétienne, on en prend souvent prétexte pour la chasser. Les missionnaires émus de cette situation s'efforcent de procurer à ces malheureux des concessions dans des régions inexploitées et il se forme ainsi des villages entièrement chrétiens.

Les îles qui dépendent administrativement de Java, ne comptent que 25.000 Musulmans, sur quatre millions et demi d'habitants ; et les cent quarante missionnaires qui exercent là leur ministère ne s'occupent, directement, que des païens dont ils ont déjà gagné 345.000. Cependant 3.600 Musulmans se sont convertis à leur exemple et forment, avec les 7.600 de Sumatra et les 18.000 de Java, un total de près de trente mille sectateurs de Mahomet amenés à l'Evangile, quoiqu'il ne soit annoncé que depuis une trentaine d'années. On n'est pas autorisé à supposer que les Malais soient plus faciles à convaincre que les autres peuples musulmans, car leur fanatisme est fort grand, mais *bien plutôt, il faut* attribuer ces prémisses admirables, après Dieu, au sérieux et à l'ensemble avec lesquels nos frères hollandais ont compris leur devoir envers les indigènes musulmans de leurs colonies. Or, il est à remarquer que les Réformés de Hollande ne sont guère plus nombreux que les Protestants de France et de la Suisse française, tandis que la population musulmane des colonies hollandaises et françaises atteint sensiblement le même chiffre (1).

Pourquoi ne ferions-nous pas en Algérie ce que d'autres ont fait à Java ?

Mais les conversions que nous venons d'énumérer, arrachées à l'Islam en quelque sorte, ne sont pas le seul résultat de l'œuvre auprès des Musulmans : tout se tient dans leur société collectiviste à l'excès ; or, nous constatons autour de chacune de nos stations que l'Evangile travaille, comme un besoin, la masse entière du peuple ; insensiblement la morale parait se modifier, le fanatisme diminue, et la personne du Christ, jadis confondue dans la foule des « prophètes » qu'on vénère sans même savoir leur nom, devient peu à peu l'objet d'un respect plus grand et d'une attention spéciale. C'est là un résultat encore indirect, mais d'une grandeur qui nous confond : nous assistons comme Ezéchiel à la résurrection *en masse* des ossements desséchés.

De même que dans la vision d'autrefois, la réalité d'aujourd'hui nous montre, certes, une résurrection lente et progressive, composée de plusieurs étapes, mais les ossements, déjà, frémissent et se rapprochent...

O Père Céleste, envoie des missionnaires « qui prophétisent sur ces morts » afin qu'ils se dressent et forment une nombreuse armée ! Loin de mépriser les conquêtes de ton Règne au milieu des Musulmans, voici nous nous humilions et nous te disons : Seigneur ! Comment de tels miracles ont-ils pu avoir lieu malgré

(1) Musulmans des colonies françaises, 29.300.000; Musulmans des colonies hollandaises, 29.290.000.

nos infidélités et notre égoïsme ? C'est toi, Seigneur, qui as fait cela ! Et pendant que nous doutions, peut-être, tu étais là tout près, exerçant ta puissance ! Aussi, tout effrayés, voici, nous te crions avec Pierre :

« Seigneur, retire-toi de moi, car je suis un homme pécheur ! »...

Mais comme à Pierre, Jésus nous répond : « N'aie point de peur, désormais tu seras pêcheur d'hommes vivants ».

« Et ayant ramené leurs barques à terre, ils abandonnèrent tout et le suivirent ».

FIN

TABLE DES MATIÈRES

Pages

Pages

EN PRÉPARATION :

L'ISLAM

ou

Un défi jeté à la foi chrétienne

Par S.-M. ZWEMER

Docteur en Théologie et missionnaire en Arabie

TRADUIT EN FRANÇAIS PAR

Emile BRÈS Fils

Un volume in-12 orné de 28 gravures hors texte et de plusieurs tableaux statistiques.

« C'est un précieux livre que celui du Dr Zwemer, consacré à l'Islam et publié en 1907 par le S. V. M. (Student Volunteer Movement). La question de l'Evangélisation des Musulmans est à l'ordre du jour dans tous les milieux missionnaires, et le devoir si longtemps négligé par l'Eglise chrétienne, de porter le message du salut à toute créature, même dans les pays musulmans, s'impose aujourd'hui à la conscience des disciples de Jésus-Christ.

« Nul n'était mieux qualifié pour étudier la question sous ses diverses faces que le Dr Zwemer, seize ans missionnaire au milieu des Musulmans, et déjà connu par un livre remarquable, *Arabia the Cradle of Islam*.

« En 295 pages, réparties entre douze chapitres, le Dr Zwemer étudie successivement l'origine et les sources de l'Islam, l'histoire de Mahomet (le prophète de l'Islam), l'expansion de l'Islam, la foi de l'Islam, la pratique de l'Islam, la morale de l'Islam, les transformations de l'Islamisme primitif, l'état actuel de l'Islam, les missions parmi les musulmans, leurs méthodes et leurs résultats, les problèmes et les dangers que présente la question de l'Islam, et enfin le défi jeté à la foi chrétienne par l'Islam.

« Ce petit livre abondamment illustré, pourvu de tableaux statistiques, récapitulatifs, des plus intéressants, enrichi d'une bibliographie très complète, *est un volume d'étude unique pour ceux qui veulent des documents précis sur une question aussi grave.*

« Est-il besoin d'ajouter que le livre du Dr Zwemer conclut à l'urgence du devoir chrétien à l'égard du monde musulman et à l'opportunité unique de l'heure actuelle pour l'accomplissement de ce devoir. Il montre l'insuffisance d'une doctrine dont on a gardé l'habitude de dire, comme si cela était suffisant, « qu'elle était tout de même supérieure à telle autre qui est pire ». Et il montre en même temps que le devoir chrétien s'impose d'autant plus qu'il ne s'agit pas tant d'un système haïssable à renverser, que de tout un monde de misères à panser.

« La conclusion du chapitre de 30 pages consacré aux 13 siècles de conquêtes ininterrompues de l'Islam peut bien servir de conclusion au livre tout entier : « Voilà ce qu'ils ont fait pour Mahomet ! Ne pouvons-nous en faire autant pour notre Sauveur et pour l'expansion du Christianisme ? »

« Il ressort d'une statistique des plus sérieuses présentées par le Dr Zwemer que sur 230.000.000 de Musulmans il y en a 30.000.000 qui sont sujets de la France. Le jour ne viendra-t-il pas bientôt où nos Églises réveillées et devenues missionnaires voudront enfin attaquer de front ce grand ennemi des populations de nos colonies françaises ? »

Daniel Couve.

(*Journal des Missions évangéliques de Paris de janvier 1909*).

Publications de la Mission en Kabylie

EN PRÉPARATION :

LA KABYLIE

Le pays. — Ses mœurs. — Histoire sommaire des Kabyles. — Influence néfaste de l'Islam. — Résistance de l'antique Eglise d'Afrique. — La Mission en Kabylie, son histoire, ses méthodes, ses résultats, son avenir.

Ouvrage orné de Photogravures et de Cartes.

LE RAPPORT ANNUEL ILLUSTRÉ de la Mission en Kabylie est envoyé gratuitement à toute personne qui en fait la demande au secrétaire du Comité (M. le pasteur Guiton, Anduze, Gard) ou au directeur de la station : **Il-Maten** (près Bougie, Algérie).

CARTES POSTALES illustrées de la Mission, dix Cartes différentes, la Carte . . . . **0 fr. 10**

PROJECTIONS LUMINEUSES à la disposition des Conférenciers, moyennant **1 fr. 10** pour frais de port. S'adresser au Secrétaire, à Anduze (Gard).

CURIOSITÉS ARABES ET KABYLES à bon marché pour ventes missionnaires. S'adresser à M. H. Palpaut, artisan-missionnaire, à **Il-Maten** (près Bougie, Algérie).

Société Générale d'Impression, 21, rue Ganneron, Paris

MISSION PROTESTANTE FRANÇAISE
EN KABYLIE

3, rue St-Dominique, NIMES (Gard)

Répondant à l'appel d'un colon chrétien d'Algérie, l'Église Méthodiste de France a fondé en 1886, à **Il-Maten,** près de **Bougie,** au centre de l'Algérie, une œuvre missionnaire auprès des Kabyles musulmans. Cette œuvre est aujourd'hui en plein développement et se poursuit principalement par des **tournées d'évangélisation** dans les tribus des **catéchismes** pour garçons, filles et femmes, une **école manuelle** qui prêche l'Évangile du Travail, un **dispensaire,** enfin, où l'on distribue des remèdes à 5.000 malades et où l'on opère de 2 à 300 Kabyles chaque année.

Étant **la seule Mission protestante française en Algérie,** elle n'intéresse pas seulement les chrétiens qui l'ont fondée, mais tous ceux qui désirent l'avancement du Règne de Dieu au sein de l'Islam, et tous ceux qui se préoccupent du sort de nos Indigènes algériens.

M. Boegner, directeur de la Société des Missions de Paris, a cordialement résumé l'utilité de la Mission Protestante Française en Kabylie par ces mots : « Vous comblez une lacune de notre œuvre. »

Pour mieux répondre aux besoins nouveaux de la Mission, le Comité de Kabylie a récemment augmenté ses dépenses et il fait appel à tous les chrétiens en vue d'obtenir de **nouvelles souscriptions annuelles.**

www.ingramcontent.com/pod-product-compliance
Lightning Source LLC
LaVergne TN
LVHW020023170826
845678LV00001B/101

* 9 7 8 2 3 2 9 7 6 9 8 8 2 *